세계 22개국/지역조사의 결과

한국인과 일본인의 契約觀

계약관

加藤雅信(가또 마사노부)
藤本亮(후지모토 아키라) 편저

김상수 번역

법우사
BUBWOOSA

이 책은 일본에서 출판된 "加藤雅信＝藤本亮編著, 日本人の契約観-契約を守る心と破る心(2005　三省堂)"을 편저자와 출판사의 허락을 받고 또한 서명을 한국에 어울리게 변경하여 번역 출판한 것이다.

이 책은 재단법인 산토리문화재단(財団法人サントリー文化財団 Suntory Foundation)의 조성을 받아 출판되었다. 위 재단에 심심한 감사를 표하는 바이다.

한국 독자를 위한 서문

세계 22개국/지역에서 전개된 법의식 조사의 결과가 "한국인과 일본인의 계약관 – 세계 22개국/지역 조사로부터"라는 타이틀로 김상수 교수의 번역에 의해 한국에서 출판되게 되었다. 이것은 본인과 후지모또 교수의 공편저인 "日本人の契約観－契約を守る心と破る心"에 한국조사의 결과를 부가한 것이다. 실은 이 연구의 세계최초의 번역이 한국어인 점도 번역자가 김상수 교수인 점도 매우 자연스런 흐름이다.

이 책의 166면 이하에는 세계각국에서의 조사상황이 기재되어 있다. 그것을 일독하면 일목요연하지만, 한국의 계약의식조사는 1994년 10월에 실시되고 일본조사는 1995년 5월부터 실시되었다. 실로 세계최초의 계약의식조사가 한국에서 이루어지고 일본조사는 세계에서 2번째로 실시된 것이다. 거기에는 이유가 있었다. 이 조사를 실시한 것은 '법의식국제비교연구회'라는 일본인 10명, 외국인 10명으로 구성된 연구회였다. 일본인이 주력이라 당초 일본조사를 먼저 실시하고, 그 결과를 검토한 다음 국제조사를 개시할 예정이었다. 그런데 미리 예비조사를 위하여 한국을 방문하였을 때 서울대학교의 황적인 교수와 만났는데 "재미있다, 꼭 협력하겠다"는 말을 하여 주시고, 동시에 "서두르자, 저는 내년 정년이므로 그 전에 가능하면 금년에 하죠"라고 말씀하셨다. 열의는 매우 고마웠지만 다음 해부터 조사 개시를 계획하고 있었던 본인은 약간 망설였다. 그래도 본 조사 전에 예정하고 있었던 파일럿 서베이를 앞당기면 대응할 수 없는 것이 아니다. 그러한 경위에서 한국 조사가 세계 최초의 것이 되었던 것이다.

조사는 그 당시 일본의 나고야대학에서 조교수로 있었던 김상수씨와 한국법을 연구하고 있었던 난잔대학 교수인 아오키씨 그리고 본인 등 3명이 하였다. 처음의 조사에서 예기할 수 없었던 장해가 속출하였지만, 그것은 아오끼씨의 엣세이 "契約意識調査餘滴-それは韓國から始まった"(書齋の窓473号36면 이하)로 미루겠다. 이 조사에시는 이 책 166면 이하에시 김사를 표한 많은 교수님들의 도움이 있었고 장해속출로 예정기간에 조사가 종료되지 않았던 사태에 직면하였을 때, 젊었을 때 도쿄대학 법학부 연구실에서 같이 배운 고상룡씨(당시 성균관대학교 법과대학장)가 "가또상, 안심하고 일본으로 돌아가세요. 남은 것은 제가 하겠습니다"고 말해주었을 때에는, 우정이 마음속 깊이 녹아 내렸다.

그리고 이 책의 번역자인 김상수씨의 활약은 한국조사에 그치지 않았다. 김씨는 법의식국제비교연구회의 멤버였는데, 한국 조사 후에는 호주 조사를 혼자서 해 주었고, 역시 그 일을 담은 엣세이 "オーストラリアの思い出"(書齋の窓474号47면 이하)를 남기고 있다. 나아가 이 22개국/지역의 계약의식조사는 우리들이 전개하

고 있는 '所有 · 契約 · 社會' 라는 장대한 법인류학 · 법사회학연구의 일환이지만, 본인의 "「所有權」の誕生"이라는 저작을 번역하여 한국의 법우사로부터 2005년에 출판하였다. 이 책의 번역자로서 김씨 이상의 적임자는 없을 것이다.

실로 조사가 최초에 이루어진 나라에서 최적의 번역자를 얻어 이 책이 한국에서 출판된다. 1970년대 후반 박대통령시대의 방한을 시작으로 수차례 방문한 한국의 친구들과 아직 모르는 독자가 이 책을 읽어 준다면 이보다 좋은 기쁨은 없다. 지금은 단지 한국조사에서 도움을 주신 분들, 번역자인 김씨을 비롯한 이 공동연구를 함께 담당한 멤버들, 그리고 본서의 번역을 조성하여 준 산토리재단과 출판을 하여 주신 법우사에 충심으로 사의를 표하면서 한국판의 서언의 막을 내리고자 한다.

2008년 4월 5일
봄이 한창인 꽃의 눈발을 즐기면서

법의식국제비교연구회 대표
상지(上智)대학 법과대학원 교수
加藤雅信(가또 마사노부)

서 언

1986년 가을, 뉴욕 컬럼비아대학 로스쿨의 한 교실에서 Michael K. Young교수와 나는 엄격하면서도 허심탄회하게 매주 마다 학생 앞에서 토론을 하였다. 일본인의 계약관과 미국인의 계약관, 일본인의 법의식과 서양인의 법의식, 둘이 담당한 일본법 강의는 반년 간 법의식론을 중심으로 전개해 가게 되었다. 또한 같은 해 10월에는 미국비교법학회에서 "일본과 미국에서의 법과 법률가의 역할"(The Role of Law and Lawyers in Japan and the United States)이라는 주제로, 일본과 미국의 법의식과 각각의 사회에서의 법과 법률가의 역할의 차이를 본인은 보고하였다.

이러한 기회, 또한 그 밖의 기회로 방문한 제 외국에서 본인의 관심도 있고 하여 일본인의 법의식을 외국의 연구자와 논할 기회는 많았지만, 그 때 외국인 연구자가 일본인의 법의식이나 계약관을 제시하는 전형적인 사례로서 자주 다루어진 것이 일호설탕사건이었다. "일본의 비즈니스맨은 호주와의 설탕 장기수입계약을 사정이 나빠지자 일방적으로 파기하려고 하였다. 얼마나 일본적, 아니 동양적인가 운운 …".

본인이 1년 단위로 살았던 곳은 일, 미, 영 3개국에 불과하지만, 수개월 간의 단기거주, 단기방문을 포함하면 상당히 많은 나라를 방문하였다. 각각의 나라에서 법의 사회적 역할은 같다고 할 수 없고 각각 다르다는 감각은 있지만, 川島(가와시마)박사 이후 일본인의 법의식 · 계약관으로서 전형적으로 말해져 온 것처럼, 진짜 일본인은 권리의식이 약하고 계약준수의 의식이 부족한 것일까. 일호설탕 사건에서 일본의 비즈니스맨은 과연 장기계약의 파기를 시도하였지만, 같은 상황 하에서 미국의 비즈니스맨이 계약파기를 시도한 웨스팅하우스 사건의 예도 있다. 인상론으로 말하는 것이 아니라 보다 실증적으로 연구할 필요가 있다. 그것을 미일이라는 좌표축이 아닌 세계적으로 모든 것을 상대화하기 위하여 다국 간의 비교가 필요하고, 또한 일본의 위상을 명확히 하기 위하여 다른 유교문화권, 불교문화권과의 대비를 생각할 필요가 있다. 이렇게 생각한 본인은 미국으로부터 귀국한 후 太田勝造(오오타)교수, 青木清(아오끼)교수 등과 애기하여 태국이나 한국조사를 개시하고, 1991년에는 '동아시아의 법의식' 을 테마로 하는 서울 심포지엄 등을 한국의 고상룡교수와 공동주최하기도 하였다.

그 후 보다 실증적인 연구를 대규모로 전개하기 위하여, 藤本亮(후지모토)교수, 河合幹雄(가와이)교수, 野口裕之(노구찌)교수, 岡田幸宏(오까다)교수 등을 끌어들여 미국, 아르헨티나, 한국, 스웨덴, 태국, 중국, 독일, 일본, 뉴질랜드, 베트남의 10개국의 연구자로 구성된 법의식국제비교연구회를 1994년에 설립하고,

'소유 · 계약 · 사회' 를 주제로 그 3가지 테마 각각에 관하여 대규모 국제적 실증연구를 전개하게 되었다(법의식국제비교연구회의 멤버 및 그 활동경위에 관하여는, 河合幹雄=加藤雅信編, 人間の心と法(有斐閣, 2003년) 281면 이하로 미룬다). 그 중 '계약' 을 둘러싼 22개국/지역의 조사결과를 다룬 것이 이 책이다. 채취 샘플이 23,885건이나 되는 22개국/지역의 조사결과의 기본 데이터는 "契約意識 22個國/地域 比較調査基本報告書"法政論集(名古屋大學)196호에 발표하였지만, 이 책은 그 분석결과의 중핵부분을 중심으로 집필된 것이다.

이 22개국을 대상으로 한 조사의 결과에 의하면, 계약준수도에 있어서 일본은 세계의 매우 평균적인 곳에 위치하고 있다. 또한 가와시마박사가 일본의 대비로서 제시한 미국도 계약준수도는 세계의 평균적인 곳에 있고, 일본과 그다지 떨어져 있지 않다. 이 조사에서 회답자의 계약준수도가 상대적으로 높은 곳은 홍콩, 이스라엘, 스웨덴이고, 반대로 계약준수도가 낮은 곳은 대만과 브라질이었다(홍콩조사는 중국반환 전에 실시된 것이다). 이 조사에서 보는 한, 같은 중국인으로 구성된 대만과 홍콩이 양극단으로 나누어져 있고, 계약준수도의 차이는 동양과 서양이라는 요인에 의해 정해져있다고는 말할 수 없는 것이다. 결국 '계약의식' 론으로서 일본인 내지 동양인은 전통적으로 계약준수도가 낮다고 종종 지적되었지만, 이 명제는 '신화' 라는 것이 아닌지 이 조사로부터 말할 수 있다고 생각된다.

이 조사가 제시하는 바는, 전단에서 말한 전통적인 명제의 부정에 그치는 것이 아니다. 법률가의 병아리인 법과대학생은 비즈니스맨의 병아리인 경영대학생보다도 계약준수도가 낮다는 결과를 거의 모든 나라에서 볼 수 있었다. 또한 남성과 여성의 계약준수도도 단순하지 않다. 일본이나 독일 등에서는 남성의 계약준수도가 여성보다도 명확히 높다. 이러한 경향은 많은 나라에서 볼 수 있는 것이지만, 대만이나 프랑스에서는 계약준수도의 남녀차이는 보이지 않는다. 계약준수도를 둘러싼 남성과 여성의 차이도 나라에 따라 다른 것이다. 나아가 계약일탈행동에 대한 비난도 일탈행동을 한 것이 자국기업인지 외국기업인지에 따라 비난의 정도가 다른 나라와 거의 다르지 않은 나라가 있다. 일본, 이스라엘, 스웨덴, 독일, 프랑스 등의 회답자는 공정하고 편파적이지 않은 반응을 보였지만, 이러한 공정성이 모든 나라에서 관철되어 있는 것이 아니다.

이 8년간에 걸친 조사에 협력하여 주신 각국의 학생들이나 이 책 166면 이하에 소개한 조사의 중개를 하여 주신 각국의 연구자, 본서의 집필자로 거명되어 있지 않지만 조사를 스스로 실시하여 주신 베트남 하노이대학의 스탭, 이탈리아의 베네찌니교수, 스웨덴의 활헤크교수, 독일의 라이자교수 등에게 우선 충심으로 감사를 드리고 싶다. 또한 이 조사를 포함하여 우리의 연구회의 활동은 다음에 기재하는 많은 재단, 조직으로부터의 조성을 받아 이루어진 것이다. 科學硏究費(國際學術調査)(1991), 名古屋大學

アジア太平洋地域 法制研究教育事業基金(AP基金)(1992), 科學研究費(國際學術調査)(1994~1995), 平和中島財團 國際學術研究等助成(1994), 名古屋大學AP基金(1994~1995), 名古屋大學AP基金(1995~1996), 松下國際財團(1996), 日本證券奬學財團(1997), 科學研究費(國際學術調査)(1998~2000), 國際交流基金日米センター(1999~2001), 松尾綜合法律事務所(2000), 三井安田法律事務所(2000), 名古屋大學學術振興基金(2000), 社會科學國際學術交流江草基金(2001), トヨタ自動車(2001), 中部電力(2001), 科學研究費(基礎研究(B)(1)(2002-2003), 科學研究費(基礎研究(B)(1)(2004~2008). 이에 기록하고 이들 재단, 조직에 충심으로 사의를 표하는 바이다. 마지막이 되었지만, 막대한 에너지가 소모된 이 공동연구에 노력을 마다하지 않은 연구회의 멤버에게 심심한 사의를 표하고자 한다.

2005년 6월 28일
연구회 멤버를 대표하여
加藤雅信(가또 마사노부)

차 례

제 2 부 22개국/지역 계약의식 조사 59

부 록

도표일람

제 1 부 계약의식론 서설

- 일본인과 미국인의 계약관

제 1 장 '일본인의 계약관'과 일호설탕 사건

제 1 절 '일본인의 계약관'의 고전적 이해

1. 가와시마 · 법의식론

일본인의 계약관에 관하여 문제를 제기하고 그 후의 논의에 큰 영향을 준 사람은 민법학자로 유명한 川島武宜(가와시마)였다. 가와시마는 일본인의 법의식을 논할 때 다음과 같은 에피소드로 시작한다.[1)]

"이것은 제2차 세계대전 중에 농촌으로 쌀이나 감자를 사러 간 내 친구의 부인(이하 A부인이라 부르기로 하자)의 실화이다. A부인은 농가에 가서 식료품을 살 때 〈다음에는 며칠에 올 테니 감자를 몇 개 정도 저를 위해 남겨주세요〉라고 부탁하고 돌아왔다. 그리고 약속한 날에 그 농가에 갔지만 그 농가는 〈그 감자는 원하는 사람이 있어서 이미 팔고 없습니다〉 라고 하며 특별히 미안한 얼굴도 안한

1) 川島武宜, 日本人の法意識(岩波書店, 1967年)92면.

다. 이에 A부인은 〈당신은 그것을 나를 위하여 남겨두기로 약속한 것이 아니었는가. 나는 당신과의 약속을 신뢰하여 혼잡한 기차를 타고 여기까지 오게 되었다〉고 힐문하였지만, 그 농가는 아무렇지도 않은 듯 〈약속은 하였지만 원하는 사람이 있어서 팔은 것이다〉라는 대답을 하는 등 〈말로 항의하여도 소용 없는〉 것이었다. 그것만이 아니다. A씨 일가는 후에 그 농촌으로 소개하여 살게 되었는데, 어느 날 위 농가가 A부인을 비난하여 마을 사람들에게 다음과 같이 말하는 것을 듣게 되었다. 〈대학교수의 사모님이라는 사람은 상식이 없다. 계약금도 주지 않고, 계약서도 없으면서 약속을 하였다고만 하면서 나의 책임을 추궁하였다〉. 그러자 그 마을에서는 그러한 비난이 〈상식이 없는〉 기묘한 논의로서는 받아들여지지 않고 오히려 당연한 것처럼 마을 사람들의 지지를 받고 있었던 것이다. 같은 일은 나 자신도 전쟁 중에 경험하였고, 종종 다른 사람으로부터 들은 바이다".

이 에피소드를 단순한 합의로는 아직 당사자는 구속되지 않는다는 일본인이 의식하고 있는 증거의 일례로서 가와시마는 제시한다. 그리고 미국에 체재한 일본인 학자의 다음과 같은 경험담을 인용한다.[2)]

---

2) 川島, 전게주(1), 98면 이하. 아울러 〈 〉안은 가와시마에 의하지만 원문에 있었던 방점은 삭제하였다.

"미국인은 법률, 규칙, 약속을 잘 지키고, 또한 그것을 잘 이용하는 국민이다. 일본인은 그것에 대한 관념이 충분히 명료하지 않고, 정상(情狀), 의리, 인정, 우정, 진심 등을 중요시하며, 그것에 의지한다. … 그들 〈미국인〉이 일본인보다도 약속을 잘 지키는 것은 주지의 사실일 것이다. 그 대신 약속하지 않은 것은 책임이 없다고 매우 명료하게 언명한다. … 일본인이 사람과 약속하는 경우에는 약속 그 자체보다도 그러한 약속을 하는 친절, 우정이 오히려 중요하고, 그러한 진심만 갖고 있으면 약속 그 자체는 반드시 말 그대로 정확하게 하지 않아도 상관없다. … 그들 〈미국인〉에게는 약속과 우정은 확실히 별개의 것이다. 일본인은 그러한 때에 그 우호적 분위기에 빠져 약속 그 자체에 충분히 주의하지 않는 일이 있다. 이것은 그릇된 것으로 그들과 약속을 하는 경우에는 반드시 약속 그 자체에 세심한 주의를 기울여야 한다. 이 점에 관하여 나는 재삼 생각하기 싫은 경험을 하였다".

그리고 농지해방 전의 지주 ── 소작인 간의 소작관계, 대공(大工, 목수)의 우두머리 ── 건축주 간의 건축도급계약, 신원보증계약 등을 예로 들면서 일본의 계약은 권리의무내용이 확정적이지 않다고 결론짓는다. 또한 일반론으로서 일본의 계약은 법삼장(法三章)적으로 '공백이 가득 찬' 것이고, 융통성을 취지로 하고 있는 것임에 비하여, 유럽이나 미국의 계약은 계약상의 권리의무가 '매우 상세하게' 규정되고, 확정적이라고 말한다. 나아가 계약분쟁이 발생한 경우의 해결방법으로서, 일본에서는 "장래 본계약으로부터 발생하는 권리의무에 관하여 당사자 간에 분쟁이 발생한 때에는 성의를 갖고 협의하는 것으로 한다"(성의협의조항)이라든지, "협의에 의하여 원만하게 해결한다"(원만해결조항)가 많이 있는데, 서구제국의 계약서에서는 중재조항이 일반적이라고 한다.[3)]

2. 川島(가와시마) · 법의식론에 대한 의문

여기서 소개한 가와시마의 서술은 인상론으로 일관하는 것이지만, 한 때를 풍미한 것인 만큼 상당 정도 설득적이다. 일본의 예를 떠나 중국의 예를 보아도 중화인민공화국 측을 일방 당사자로 하는 국제거래계약에서는 "평등호혜의 정신에 기하여 당사자 쌍방의 협의에 의하여 이를 해결하는 것으로 한다"는 조항을 종종 볼 수 있다.

이것을 본다면 동양과 서양의 사이에는 계약의식에 차이가 존재하는 것처럼 생각된다. 그러나 미국에도 실제의 거래는, 계약서는 시간의 낭비라는 평가로 계약서나 계약법에 의하지 않고, 거기에서는 '남자의 약속'이 중시되고 계약을 도중에 그만두어도 나쁘다고는 생각되지 않는다는 맥코래이의 위스콘신에서의 인터뷰 조사

---

3) 川島, 전제주(1), 100-115면.

4) Stewart Macaulay, Non-Contractual Relations in Business: A Preliminary Study, 28 *American Sociological Review* 55 (1963).

가 있다.[4] 이로부터는 가와시마적인 일본인의 계약관의 테제가 그대로 미국에서도 통용되는 것과 같은 인상을 받는다(또한 최근의 內田(우찌다)교수 등의 그룹의 시애틀에서의 인터뷰 조사에서는 미국에서도 계속적인 거래관계를 해소한다고 결단하지 않는 한은, 소송을 제기하지 않는 것이 보통이라고 하는 한편, 상호의존성의 유무의 점에서는 미일 간에 차이가 있다는 상황이 소개되어 있다).[5] 이 미국의 상황에 관하여는 후에 제 2 장에서 검토하지만, 컬럼비아대학 로스쿨에서의 전술한 가와시마설에 대한 미국인 학생의 반응에도 흥미로운 점이 있었다.

최초의 전시 중의 농촌으로의 구매 에피소드에 관하여, 미국인의 학생의 대부분은 ──저자인 가와시마의 시점과는 달리 ──오히려 농민 쪽에 동정적이었다. 그들이 중시한 것은 이 합의를 준수하려고 농민이 A부인의 내방을 기다린다고 하여도 A부인이 위약하여 오지 않는 경우에 주소씨명 등을 특정할 수 없는 이상 법적인 제재의 발동을 할 수 없다는 점이었다. A부인이 위약한 경우의 제재에 관하여 자신을 안전지대에 두면서 농가만의 책임을 추궁하려는 것은 상식이 없는 것이 아닌가라고 그들은 말하였다. 영미법에서는 컨시더레이션(약인)의 법리에 이러한 편무적 무상합의에는 계약으로서의 구속력이 없지만, 이러한 합의도 계약이 될 수 있는 일본법이나 대륙법의 태도 자체에 문제가 있다는 의견도 있었다.

---

5) ジョン O ヘイリー(內田貴譯), 日米における關係的契約, NBL941호 (1998년) 18면 이하.

나아가 가와시마설은 일본의 벽촌과 서양의 대도시를 염두로 하면서 계약관을 비교하는 것이 아닌가라는 비판도 있었다. 그 학생들은 중서부나 남부 오지의 농민이 합의의 유무라든지 계약의 구속력을 이러한 경우에 의식한다고는 도저히 생각되지 않는다고 말하였다. 가와시마박사가 말하는 매우 상세하게 규정된 계약서는 미국에서도 대도시의 빅 비즈니스만에 관계되는 것이고, 그 점에서 미일비교를 하는 것이라면 대비되어야 하는 것은 뉴욕, 도쿄의 대기업의 비즈니스 행동 내지는 계약서의 존재이고, 뉴욕과 나가노(일본의 내륙지방) 그 밖의 농촌을 비교하는 것은 비교대조의 균형을 상실한다는 것이 재일(在日)경험이 있는 학생의 의견이었다.

제2절 일호설탕 사건으로 보는 일본기업의 계약행동

1. 장기수입계약의 체결과 사회적 반응

다음으로 일본인의 계약관을 보여주는 전형례로서 언급되는 일이 있는 일호설탕 사건을 소개하겠다.[6)]

1974년 12월 20일 밤, 일본과 호주 간에 원당(原糖)의 "연간 60만톤, 톤당 228.8파운드의 조건으로 5년간의 장기수입계약"[7)] 이 체결되었다. 그 후 이 계약의 이행 및 개정을 둘러싸고 일호 간에 심각한 분쟁이 발생하게 되었다.

이 계약교섭은 1974년 3월 초에 호주의 원당수출을 총괄하는 콜로니알 슈가 리파이닝사(이하 'CSR'로 줄인다)로부터 제안이 있고,[8)] 4월부터 구체적인 교섭이 개시되었다. 그 당시 "세계유수의 설탕산출국인 호주가 이번에 장기계약을 제안하여 온 배경으로서,

6) 이 사건을 제재로 하여 다음과 같이 일본인의 계약의식이 논의되는 일도 많다. 石田佳治, 日本と歐米の契約についての考え方, 國際商事法務7권9호(1979년)444면 이하: 田中齋治 上野幹夫, 契約意識と文章表現:契約書にみる和魂洋才, (東京布井出版, 1980년)167면 이하; 北山修吾, 國際取引における'再交渉', 世界経濟評論33권8호(1989년)55면 이하; 丸田隆, 英米法とフェアネス - アメリカ契約法を中心に, 谷口安平 坂元和夫編, 裁判とフェアネス(法律文化社, 1998년); 長坂壽久, 日豪砂糖交渉の殘した敎訓, エコノミスト1977년11월29일호 36면 이하. 또한 朝日신문 시드니지국장에 의한 小林宏, 遠くて近い國オーストラリア, (朝日ソノラマ, 1978년) 197면 이하.

7) 每日新聞1974년 12월 26일 조간 3면.

8) 日本經濟新聞1974년 3월 10일 조간 6면.

(1) 호주는 지금까지 영연방 설탕협정의 멤버로서 특혜가격으로 설탕을 영국에 수출하고 있었지만, 영국의 EC가맹으로 같은 협정이 금년말로 실효되어 안정적인 수입국의 하나를 상실한다, (2) 이 때문에 호주는 안정시장으로서 환태평양권에 착목 특히 일본을 중시하고 있다 ——는 것에 의하고, 또한 매도인 시장의 환경에서 유리한 계약을 체결하고 싶다는 생각도 있을 것이다"[9]라고 말해졌다.

이에 대하여 일본 측은 "호주는 수년 전부터 최대의 수출국인 일본에 설탕의 장기거래를 요구하고 있었지만, 국제가격이 낮아 일본은 거기에 응하지 않고 런던거래소를 통하여 각국으로부터 저렴하게 수입하여 왔다. / 그러나 작년 말부터 비트(설탕 무)나 사탕수수의 흉작으로 국제가격이 급등해 가고 있기 때문에 일본으로서도 설탕생산국과의 2국간협정에 의한 설탕의 장기 안정확보가 긴급과제가 되었다. 이로 인하여 상사, 정당(精糖) 회사가 장기협정에 적극적인 자세로 전환하였을 뿐만 아니라",[10] "농림성으로서는 이를 기본적으로 지지하는 입장을 굳혔다. 12일부터의 일호식량농업회의 자리에서 명확히 한다는 방침이다. 관계자에 의하면 농림성은 이 민간협정의 체결에 관하여 적극적으로 움직일 마음이 있다……고 말해진다.…… 농림성이 호주의 의향을 받아들일 마음이 있는 것은, 국제설탕가격이 높은 가격으로 불안정한 상태가 지

9) 日本經濟新聞1974년 3월 10일 조간 6면.
10) 朝日新聞1974년 11월 14일 조간 9면.

속될 가능성이 있고, 장기수출입계약의 체결은 원당의 수입가격이나 수입수량을 안정시키고 국내업계가 원당 수입으로 과당경쟁에 빠지는 것을 막는 의미에서도, 결국 일본에 있어서도 상책이다 - 등의 판단에 의한다. …… 국내의 원당 수입상사나 정당업계에서는 이 호주로부터의 제안에 대하여 현재 호주와 거래관계가 깊은 미쓰이물산이나 미쓰비시상사 및 그 관계 메이커가 찬성하고 있다고 말해지지만, 한편으로 남아프리카공화국 등과의 거래관계를 맺고 있는 관계 업자 사이에는 소극론도 많고, 의견은 하나로 모아지지 않고 있다. 농림성은 이러한 업계의 현황에 대하여 조만간 의견의 본격적인 정리를 할 의사가 있다고 한다. 또한 그 때에는 원당의 장기수출입계약이 업계에 의한 '수입가격의 협정'이라는 요소를 포함하기 때문에, 수출입거래법을 적용하여 독점금지법에 저촉되지 않는 수입조합의 결성을 촉구하는 의향도 갖고 있는 것 같다./ 물론 농림성으로서는 장기수출입계약의 체결에 기본적으로는 찬성하고 있지만, 계약의 내용에 따라서는 의문을 제기할 여지를 남기고 있다".[11]

이 계약교섭은 CSR과 "일본 측의 교섭창구, 미쓰이물산, 미쓰비시상사 사이에 진행되고", "1974년 12월 일본의 제당회사 33사(현재는 32사)와 호주 퀸즈랜드주의…CSR…과의 사이에 체결된 민간협정으로, 양국정부가 서간의 교환으로 '보증'한" 것이었다.

---

11) 日本經濟新聞1974년 8월 8일 석간 1면.

그 보증의 내용은 "민간에 의한 계약과는 별개로 일본정부와 호주정부와의 사이에 〈민간계약을 정부가 지키게 한다〉는 취지의 문서를 교환"한 것으로 보여 진다.[12] 이 교섭에 있어서 "수량은 호주가 일본에 매년 수출하고 있는 거의 전량에 해당하는 60만톤, 계약기간은 5년으로 하는 것으로 의견은 그다지 벌어진 것이 아니었다./그러나 가격에 관하여는 4월 경 톤당 130파운드 정도였던 호주 측이 국제가격의 고등을 보고 300파운드 대를 주장, 이를 200파운드 정도로 억제하려고 한 일본 측과의 협의가 성립하지 않았다./ 그 사이에 한 때 런던거래소에서 600파운드까지 오른 투기적 가격은 언젠가 폭락할 것으로 생각한 호주 측이 국제가격의 반락을 기회로 양보하여 겨우 의견이 일치된 것"이었다.[13] 이 시기에 설탕수입량 연간 60만톤은 "일본의 연간 설탕수입량의 거의 4분의 1에 해당하고, 게다가 계약가격의 229파운드는 현재의 국제가격의 반값이므로 국내의 설탕가격의 안정에 도움이 되고 동시에 폭등한 국제가격을 진정시킬 큰 요인이 되는 것은 분명하다. 또한 가격이 장기간 고정된 수입계약을 일본이 체결한 것은 농산물에서는 처음이었다"고 말해지고 있었다.[14] 이 일호간의 설탕수입"교섭은 세계의 설탕거래업자가 추이에 주목, 11월 중순에 〈합의는 틀림없다〉고 보도되자, 폭등한 런던의 설탕가격은 급락하고, 한

---

12) 이상 朝日新聞1974년 12월 20일 조간 1면, 日本經濟新聞1977년 10월 27일 조간 1면.

13) 朝日新聞1974년 12월 20일 조간 1면.

14) 朝日新聞1974년 12월 20일 조간 1면.

때 톤당 600파운드까지 올랐던 것이 최근에는 400파운드 대로 하락하였다"고 당시의 신문은 보도하고 있다.[15)]

이 계약에 대한 당시의 일본의 반응을 신문으로부터 본다면 일반지는 '설탕, 저렴하게 장기수입', '호주로부터 시가의 반값',[16)] '저렴한 설탕 호주로부터 수입', '국제가격의 반값', "작년 말 이후 설탕가격의 고등으로 걱정한 일본에게는 일단 낭보이다"[17)]고 일본에게 매우 유리한 계약으로서 파악되고 있었다. 또한 후에 분쟁이 심각해지고 나서 계약체결 당시를 돌아보아도 다음과 같이 신문은 말하고 있다. 계약 "체결 당시는 국제가격이 톤당 600파운드였기 때문에 일본에게 있어서도 유리한 거래였고, 설탕업계도 농림성도 〈이것으로 저렴한 설탕을 확보하게 되었다〉고 열광한 것이었다. 물론 일련의 물품부족 소동으로 설당패닉을 경험한 소비자도 대환영"[18)]이었다. 왜냐하면 "수입협정을 맺은 1974년 당시에는 석유쇼크와 맞물려 자원부족 무드가 강하였고 당장 물품이 없어지는 것이 아닌지 위기감에 빠져 밀이나 콩의 경우에도 장기 안정 확보의 국민적 요청이 있었다. 설탕도 일본은 8할을 해외에 의존하고 있고 일시적으로 슈퍼 매장으로부터 설탕이 사라지는 등 매점하려는 움직임도 보였다. 어떻게든 해야지 라고 관민

15) 朝日新聞1974년 12월 20일 조간 1면.
16) 이상, 朝日新聞1974년 12월 20일 조간 1면.
17) 이상, 毎日新聞1974년 12월 26일 조간 3면.
18) 朝日新聞1977년 9월 13일 석간 3면.
19) 朝日新聞1977년 9월 13일 석간 3면.

모두 생각하고 있었기"[19] 때문이었다.

단지, 경제지의 보도는 계약당초부터 상당히 억제되어 있었고, 이 계약의 리스크를 냉정히 지적하고 있었다. 다소 길어지지만 구체적으로 제시한다면, '원당/호주로부터 장기수입' 이라는 표제하에 "원당의 해외의존도가 매우 높은 일본에 있어서, 이 계약은 장기이며 안정적 확보로 이끄는 획기적인 것으로 농산물관계에서는 최초의 케이스"라 논하는 한편으로, "일본과 호주와의 사이의 원당장기수입계약이 반년 이상의 '마라톤교섭' 후에 드디어 체결에 이르게 되었다. 민간에서의 계약체결을 목적으로 한 교섭이었지만, 작년 이후의 원당가격 폭등 ── 국내당가격 인상이라는 직격을 맞고, 농림성도 〈국내당가의 안정을 위해서는 먼저 해외원당가격을 낮추는 것이다. 호주와의 장기계약체결은 이 재료가 된다〉(森整治, 식품유통국장)고 이 계약의 실현에 상당한 백업을 하였다.……/ 하지만 마지막 단계에서의 가격교섭은 이러한 농림성의 의도와는 반대로 복잡해졌다. 500파운드 대로부터 600파운드 대로 ── 금년 가을 일시적으로 급등한 해외원당가격을 배경으로 300파운드 대를 강하게 요구한 호주 측. 이에 대하여 〈5년간이 되면 그만큼 가격의 부침은 크다. 높은 가격으로 체결하면 반드시 불에 데일 수도 있다〉(업계수뇌의 말)고 일본 측은 200파운드 전후를 고집, 결국 그 후의 해외원당가격의 반락을 계기로 호주 측이 일본 측의 요구를 받아들여 229파운드로 낙착되었다./ 이러한 일로 장기계약이 스타트한 후 과연 정당업계가 일사불란하게 같은 계약에 계속 참가 할 수 있는가라는 의문을 던지는 일도 있다. 계약실시기간 중 229파운드 이상 해외원당가격이 일관되게 유지되는가, 이번 '폭등가격' 을 어느 누구도 예측할 수 없었던 것과 같이 폭락의 우려도 있을 수 있는 것이다. 해외원당가격이 130파운드로 대폭락한 경우, 〈호주당〉으로 업계는 연간 420억엔의 손실, 안정공급을 목표로 한 장기계약이 역으로 경영파단의 계기가 될 수 도 있다는 전망도 여전히 강하다고 할 수 있다./ 어찌 되었건 내년 가을부터 같은 계약에 기하여 연간 60만톤의 〈호주당〉이 일본의 항구에 도착한다. 농림성의 예상과는 달리 이러한 일본 제당업계 최초의 시도가 어떠한 환경변화를 초래할 것인지 주목되는 바이다".[20]

2. 계약분쟁의 개요

이 장기계약에서는 계약이 성립되고 나서 약 반년 후부터 수입이 개시되는 것으로 되어 있었다. 그러나 계약 성립 당시에는 국제가격의 반값이라던 계약가격의 톤당 229파운드는 실제로 수입할 단계가 되자 국제가격이 폭락하고, 오히려 높은 가격이 되어 버렸다. 게다가 그 차이는 세월과 함께 진행되고, 또한 파운드의 절하에 의한 실질가격의 인상이 있었으며 1977년 10월에는 계약가격은 국제가격의 '3배 가까운'[21] 것이 되었다고 말해지고 있다.

---

20) 日本經濟新聞1974년 12월 19일 조간 1면, 7면.
21) 日本經濟新聞1977년 10월 27일 조간 1면.

이러한 사정 하에서 일본의 정당(精糖)회사는 매우 곤경에 처하고 그 사이의 사정은 다음과 같이 보도되고 있었다. "일본의 경우 금년 3월 결산에서 정당기업의 누적적자는 1300억엔으로 자본의 6배 이상에 달하고, 상장회사의 대부분이 채무초과에 빠져 들고 있다. 그 최대의 원인이 국제가격의 2배나 되는 장기계약의 호주원당으로서, 〈이 이상 가격을 변경하지 않고 받아들이면 회사는 도산한다 ……〉".[22]

이상과 같은 배경 하에 일본 측은 호주 측에 여러 형태로 계약내용의 변경을 제안하여 가게 된다. 초기에는 설탕의 거래연기, 다음으로는 설탕의 인수와 대금의 연기, 그 후에는 대금가격의 개정을 제안하고, 그 교섭이 이루어지지 않은 채로 일본은 호주로부터 선적된 설탕의 수취거부라는 강경수단으로 나가게 되었다. 최종적으로는 가격개정교섭이 타결되고 어느 정도의 가격인하는 일본이 취득하였지만, 일본의 신문은 "일본 측의 전면양보로 합의/ 교섭의 합의 내용을 보면 호주 측의 양보를 끌어내는데 실패하고, 결국 호주 측의 주장을 거의 그대로 받아들이는 형태가 되었다",[23] '7%의 가격인하로 굴복'[24] 등을 보도하고 있다. 이 스토리가 제3장에서 말하는 22개국/지역조사의 조사표의 원형을 만들게 되는 것이므로, 이 분쟁의 구체적 내용을 다음에 다소 상세히 살펴보도록

22) 朝日新聞1977년 8월 12일 조간 8면.
23) 朝日新聞1977년 10월 27일 조간 1면.
24) 朝日新聞1977년 10월 27일 조간 4면.

하자.

3. 원당인수의 연기 —— 시작 직후의 계약의 변경

이 장기계약의 이행기(1975년 7월)로부터 2개월 후의 단계(9월)에서, 일본 측은 벌써 그 해의 연간 거래분 30만톤 중 9만톤을 다음해로 돌리는 것으로 호주 측의 동의를 얻었다. 이 변경이 이루어진 이유의 하나는 국내수요 부진에 의한 재고증가였지만, 그와 함께 "업계가 인수를 연기하려는 또 하나의 이유는 가격. 계약의 톤당 229파운드라는 값은 작년 말의 계약체결 당시에는 국제가격의 반값 이하라는 싼 값이었지만, 최근의 국제가격은 톤당 170파운드 전후로 저미하고 있고, 가격이 상대적으로 올라 긴 장기계약가격이 무거운 짐이 되고 있다"고도 지적되고 있다. 그러나 이 단계에서는 "앞으로 설탕가격이 반등한 경우 등 뒤통수를 맞게 되는 것이 아닌가라고 걱정하는 의견도 많다"[25]고도 말해지고 있고, 장기전망에 관하여는 양론이 있었던 것 같다.

이 단계에서의 호주 측의 연기 합의는 일본의 '업계의 곤경을 고려' 라는 제목으로 "일본의 제당업계가 극단적인 '원료고, 제품저' 에 빠져 일본은행 특별융자를 신청할 정도로 곤경에 있기 때문에, 일호 양국의 장기수입계약에도 불구하고 호주 측이 이례적인

25) 모두 朝日新聞1975년 9월 27일 조간 9면

양보를 한 모양"[26)]이라고 신문은 보도하였다. 그러나 다른 한편으로 이러한 이례적인 양보에 관하여 '경제적인 영향은 크다'와 '호주 정부가 사태중시' 하였다는 취지도 보도되고 있다.[27)]

4. 재도 인수연기와 대금 지급연기의 제안

이 인수연기가 받아들여졌지만, 엎친대 덮친 격으로 연초인 1976년 1월 일본의 설탕업계는 또 다른 인수의 연기와 대금의 지급연기를 요구하고, 업계대표와 농림성의 식품유통국장 등이 호주를 방문하였다. 그 간의 사정에 관하여는 "반복되는 '계약불이행'에 대한 불만을 충분히 알면서도 부탁하는 것으로, 최근의 설탕불황으로 목숨까지 바꿀 수는 없기 때문이라고 농림성이나 업계 측은 말하고 있다".[28)] 당연한 일이지만 교섭은 난항을 겪었고, 약 2개월 후인 2월 말에 일정부분의 연기가 1톤당 9달러의 위약금의 지급과 함께 인정되었지만, 대금의 지급연기는 호추 측에 받아들여지지 않았다.[29)] 이 단계에서는 "세계의 설탕수급이 대폭 이완되어 있고 시황도 톤당 160파운드 이하로 계약가격의 229파운드보다 매우 떨어져" 있었다.[30)]

26) 日本經濟新聞1975년 9월 23일 조간 7면.
27) 日本經濟新聞1975년 9월 24일 조간 7면.
28) 朝日新聞1976년 1월 14일 조간 9면.
29) 日本經濟新聞1976년 2월 25일 조간 7면(단, 다음 주에서 인용하는 朝日新聞은 위약금을 1톤당 4달러 50센트라고 하고 있다).
30) 朝日新聞1976년 2월 25일 조간 9면.

5. 가격개정교섭

그 3개월 후인 5월 일본 측은 CSR사에 대하여 "국제설탕가격이 대폭 떨어졌기 때문에 지금보다 높은 수준으로 설정되어 있는 인하를 제안하였다".[31] 이 단계에 이르자 일본 신문도 '호주 측의 반발은 당연'[32]이라고 이 기사에 부제를 붙이고 있다. 계약교섭시에는 한 때 톤당 600파운드도 한 "국제가격의 이러한 믿을 수 없는 가격은 아주 일순간의 일이었다. 높은 가격에 자극 받아 설탕생산국은 급 핏치로 증산, 국제적인 수급관계는 일거에 이완되었다. 설탕의 값은 마구 떨어져 200파운드는 비교가 안 될 정도로 최근에는 100파운드 가까이. 1974년 당시의 5분의 1에서 6분의 1로 폭락하였다./ 이에 일본 측은 계약 안에 있었던 '수성소항' 을 무기로 톤당 170파운드로 인하할 것을 요구하였다. 계약 당시의 229파운드는 그 후 파운드가 하락하였기 때문에 지금은 285파운드로 되어 있다. 4할 정도 값을 내리라는 것이다. 그러나 '수정조항' 이라는 것은 〈양당사자는 적어도 매년도 1회 이 협정의 운용과 계속성에 관하여 수정을 한다〉는 것이다. 일본 측은 이를 가격인하요구의 근거로 하고 있지만, 호주 측은 〈선적의 방법 등 기술적인 문제를 수정하는 것으로 가격은 협의의 대상이 아니다〉라고 거절하였다./ 호주 측은 장기고정가격에 기하여 생산계획 등을 세우고

31) 朝日新聞1976년 5월 7일 조간 8면.
32) 朝日新聞1976년 5월 7일 조간 8면.

있다. 그것을 토대 모두 변경한다는 것은 불가능할 것이다. 〈겨우 260파운드 정도로의 소폭 인하라면 좋다〉고 주장하고 있다".[33)]

이 가격개정의 교섭은 2월의 단계에서 계약의 부속 각서 제2항에 기하여 계약의 운용 및 계속에 관한 수정회의의 개최로서 제안되었다.[34)] 같은 조항은 다음과 같이 규정하고 있다. The Seller and Buyer shall consult together at least once each contract year throughout the duration of this contract to review its operation and continuation. 이 조항 중의 오퍼레이션을 리뷰한다는 표현은 호주 측이 말하는 선적방법 등의 기술적 문제를 수정한다는 해석에 적합하지만, 콘티뉴에이션을 리뷰 한다는 표현은 계약의 종결을 위하여 의견교환(컨설트)이 가능한 것을 의미하는 것처럼 해석할 여지가 있을 것이다. 그러나 어찌되었건 '계약의 운용 및 계속성' 에 관하여 적어도 매년 1회 의견교환을 하여야 한다는 각서의 문언에 의하여는, 의견교환에 의하여 합의가 성립하지 않는 경우에는 특별한 규정이 없는 이상 현행협정 대로라는 것이 될 수밖에 없으므로, 현행 협정이 존속하는 것이 유리하다고 생각하는 당사자가 노력하면 다른 당사자는 그 이상 취할 수 있는 방법이 없었던 것이다.

5월부터 개최된 교섭은 난항을 거듭하였다. 이 당시의 호주 측, 일본 측의 상황에 관하여 신문은 다음과 같이 보도하고 있다. 우선

33) 朝日新聞1977년 9월 13일 석간 3면.

34) 田中 上野, 전게(주6), 169면.

호주 측은 "〈작년 7월의 원당 장기협정의 개시를 계기로 퀸즈랜드주의 사탕수수 생산자농가가 일제히 증산체제를 목표로 투자, 나아가 항만시설도 증강하는 등 선행투자가 계속되어, 이러한 사람들이 납득하지 않는 한 가격인하는 곤란하다〉라고 설명하고 있었다고 한다./ 그러나 우리나라 정당업계가 되돌아가고 싶어도 갈 수 없는 극한상황에 놓여진 것도 확실하다. 업계 전체로 1000억엔에 이르는 팽대한 적자를 껴안은 같은 업계에 있어서 〈제악의 근원은 협정으로 결정한 높은 호주산 설탕의 수입이다〉라고 비추어져도 이상하지 않다. 무엇보다도 재작년 말의 같은 협정체결 시에는 해외가격의 반값으로 '저렴한 협정가격'이 지금은 해외가격의 하락지속과 파운드 절하로 오히려 2.5배의 '초고가 원당'으로 되어 있는 것이다. 호주산 원당을 실은 1만톤 화물선이 입항할 때마다 정당업계는 10억엔의 적자를 짊어지게 되는 참상이다".[35]

8월의 신문보도에 의하면, 이 단계에서 나온 "호주의 제안은 5년계약의 남은 3년 분의 계약총액의 10% 정도에 상당하는 7500만 호주달러를 인하하는 대신, 그 분량을 추가한 고정가격으로 계약을 2년 연장한다는 것"이고, "이 이상 절대로 양보할 수 없다는 엄격한 태도를 취한 배경의 하나로는 국내정치와의 연관이 있다. 호주는 금년 11월에 선거가 예정되어 있지만, 원당 생산지인 퀸즈랜드주에서는 생산농가 8만호, 관계노동자 25만명이라 불리는 설

35) 日本經濟新聞1976년 10월 17일 조간 6면

탕표가 선거의 행방을 좌우한다. 이 때문에 연방정부도 야당도 설탕농가에 불이익을 미치는 것과 같은 지도는 하기 곤란한 사정에 있다. 또한 현지에서는 일본과의 장기계약을 담보로 은행으로부터 융자를 받고 있고, 가격이 하락하면 자금계획이 핀치에 빠진다는 점이다./ 또 하나는 다른 장기계약으로의 영향. 호주는 일본 이외에 말레이시아, 싱가폴, 한국, 뉴질랜드와 설탕의 장기계약을 맺고 있고, 일본에 대하여 양보하면 다른 나라로부터도 가격개정문제를 촉발시킬 위험이 있다".[36] 상세한 교섭내용은 어느 정도 소개되어 있는데, 그 점은 별도의 문헌으로 미루겠다.[37] 이 가격교섭은 지연되고 다음 해인 1977년에 되어도 결렬, 재개 등을 거치면서 계속되고 있었다.[38]

6. 교섭과정에서 등장한 수령거부 구상

교섭이 난항을 거듭하고 있었던 1976년 10월, "호주와의 원당 수입 장기협정에 참가하고 있는 일본 정당메이커 33사는 호주 측이 같은 협정으로 정한 원당가격의 인하에 응하지 않는 동안에는 원당인수를 거부한다는 것을 정하였다. 같은 협정에서 정해진 고가인 채로 원당을 매수하면 빈사상태인 정당업계는 또다시 괴멸적

36) 朝日新聞1977년 8월 12일 조간 8면.
37) 田中 · 上野, 전게(주6), 170면 이하.
38) 朝日新聞1977년 6월 17일 조간 7면, 朝日新聞1977년 6월 18일 조간 8면.

상황으로 몰린다는 강한 위기의식에서 강경한 자세를 표명한 것으로, 같은 협정의 가격인하 교섭으로 내일 중인 호주 측 대표에게 이 방침을 전달하였다. 정당업계는 실세가격까지 호주 측이 대폭 양보를 하기까지는 일치단결하여 강한 태도를 관철한다는 입장이다". "금번의 정당업계 측의 조치는 9월말부터 도쿄에서 열리고 있는 호주와의 원당장기수입협정의 가격인하교섭에서 일본 측의 호주 당(糖)간사회의 대표로부터 표명된 것이다. 지금까지와 같은 〈부탁드린다〉라는 자세라면 호주 측은 가격인하에 응할 정세가 없다고 보고, 같은 협정체결을 적극적으로 지원한 농림성이나 체결의 창구가 된 미쓰이물산, 미쓰비시상사 양 상사의 양해를 얻고 시도되었다./ 이번의 조치에 의하여 일본 정당업계각사는 호주의 원당수출의 총관리회사인 CSR사로의 선적신청서의 발행을 금월 중순부터 일제히 중단한다. 원당 장기수입협정에 의하면 CSR사는 일본 측 정당메이커가 선적 3개월 전에 발행하는 신청서에 기하여 수출을 실시하는 시스템으로 되어 있으므로, 1977년 1월 이후 일본으로의 원당수출은 사실상 스톱할 수밖에 없게 된다".[39]

7. 실행된 수령거부와 분쟁의 심각화

앞서 5.에서 소개한 것과 같은 가격개정교섭의 교착상황이 계속

39) 日本經濟新聞1976년 10월 14일 조간 8면.

되는 도중에, 일본 측으로부터 재도 수령거부가 표명되었다. 1977년 7월 미쓰비시상사의 사장은 "호주가 가격인하에 응하지 않으면 원당 인수거부"를 표명함과 동시에 "이러한 상황에 관하여 〈본래는 계약을 이행하여야 할지도 모르지만, 정당메이커는 국제가격보다도 높은 호주원당을 매입하고 있기 때문에 경영이 파산지경이고, 이대로 인수를 계속하면 도산해 버린다〉"고 설명하였다.[40] 이 직후인 7월 12일부터 호주로부터 원당을 수송하여 온 수송선이 일본 측의 수령거부로 도쿄만을 배회하는 사태가 시작되었다.

이러한 상황의 심각화에 동반하여 "사태를 우려한 호주의 브래저 수상으로부터는 15일 福田(후쿠다) 수상에게 타개를 위하여 일본정부가 앞서 줄 것을 요구하여 왔다고 말해지고, 원당가격인하 교섭은 일호관계를 좌우하는 외교문제로 발전될 수 있는"[41] 상황이 되었다. 그리고 7월말에는 "농림성의 杉山克己(스기야마) 식품유통국장이 금주 내로 호주를 방문, 사태의 타개에 노력하게 되었다…장기계약의 체결에 큰 역할을 한 일본정부의 노력을 바란 호주 측의 의향에 부응하는 형태로, 스기야마 국장은 호주정부 관계당사자와 협의하고 쌍방업계가 화해할 수 있는 기초 작업을 진행하는 것으로 보여 지고 있다".[42] 이 문제는 8월 8일에 쿠알라룸프르에서 열린 동남아시아제국연합(ASEAN)의 확대수뇌회의에 출석하면서

40) 朝日新聞1977년 7월 8일 조간 8면.
41) 朝日新聞1977년 7월 23일 조간 9면.
42) 朝日新聞1977년 7월 27일 조간 8면.

열린 당시의 후쿠다 수상과 호주의 브래저 수상과의 수뇌회담에서도 협의되었지만, 진전은 없었다.[43] 이와 같이 정부가 앞장섰지만 교섭은 여전히 난항을 거듭하였다.

같은 해 9월, "호주 퀸주랜드주 설탕위원회는 일본의 제당업자 33사가 일호설탕 장기협정을 어겼다고 하여 이들 각사가 9460만 호주달러(약 275억엔)의 손해배상을 지급할 것을 구하는 소장을 28일 런던 설탕협회에 제시하였다".[44]

이 단계에서는 호주의 "원당을 실고 이미 요코하마에 입항하고 있는 10척 정도의 배는 하역을 하지 못하고, 항내에서 몇 주일 동안 배회"하고 있었다.[45] 신문이 '〈도쿄만이 설탕물로〉소동'으로 부른 이러한 상황에 관하여 당시의 신문은 다음과 같이 보도하고 있다. "장기정박 무시 못 할 손해/1일 5000달러/첫 번째 배인 소련적 웨렌이 도착한 것은 7월 12일. 이후 파나마 선이 있고 리베리아선, 거기에 일본선…으로 선적은 제각각이지만, 1주일 간격으로 호주로부터 열심히 설탕을 실고 왔다. 현재의 상황으로는 이 이상의 입항은 예정되어 있지 않지만, 하역을 하여 돌아갈 모습은 전혀 보이지 않는다./ 이미 2개월이나 정박하고 있는 소련선. 입항하였을 때에는 선원이 교대로 요코하마항에 상륙하고 있었다. 그것이 최근에는 일순간 볼 수 없게 되었다. 상륙하는 경우 정박지로부터 부두까지 소

---

43) 朝日新聞1977년 9월 2일 조간 1면, 같은 신문1977년 9월 13일 석간 3면.
44) 讀賣新聞1977년 9월 30일 조간 8면.
45) 朝日新聞1977년 9월 29일 조간 9면.

형선을 고용하지만 이것이 1시간 8400엔. <용돈이 없어진 걸까>라고 소련선의 대리점은 말한다./ 선박회사로서도 무시 못 할 손해다. 배가 움직이지 않아도 선원에 대한 급여는 지급하여야 한다. 다른 일을 하면 들어 올 돈도 안들어 온다. 계약상으로는 하역에 필요한 일수가 지나면 체선료로서 1일 당 5000달러를 인수인 측에게 청구할 수 있게 되어 있다. 그것을 기준으로 계산하면 소련선의 경우 약 50일로서 25만 달러, 대략 7000만엔에 가까운 금액이 된다".[46]

8. 교섭의 타결

위와 같이 얽히고 설킨 일호설탕교섭도 1977년 10월 겨우 타결 기운으로 바뀌고 10월 18일에 당시 도쿄만에 15척, 오사카만에 1척 계 16척의 설탕선이 적재하고 있었던 설탕을 잠정가격으로 인수하기로 결정되었다[47] (이 시점에서는, 체선료에 관하여는 별도로 협의한다고 되어 있었지만, 최종적으로는 150만달러의 체선료에 관하여는 호주 측이 지급하기로 결정되었다).[48] 계속하여 10월 말 일본과 호주 사이에 커다란 경제분쟁으로 발전한 설탕문제에 관한 교섭은 "호주 측 큰 틀에서 밀어 붙이다"[49]라고 신문이 보도하는 것과 같

46) 朝日新聞1977년 9월 13일 석간 3면.
47) 朝日新聞1977년 10월 19일 조간 8면.
48) 長坂, 전게주(6), 36면.
49) 讀賣新聞1977년 10월 27일 조간 8면.

은 형태로 타결되고, 전면적인 결착을 보기에 이르렀다.

그 후 퀸즈랜드 주정부는 런던 설탕협회에 대한의 중재신청을 취하하였다.

이를 보도하는 신문은 '일본의 전면적 양보로 합의'라는 제명하에 다음과 같이 말하고 있다. "타결내용은 거의 호주 측의 주장을 받아들이는 것으로 일본의 제당업계가 국제가격보다 높은 설탕을 인수할 수밖에 없는 상황에는 변함이 없다.…합의내용은 밝혀지지 않았지만 관계자에 의하면, (1) 1980년까지 앞으로 3년 남은 현행협정을 실질적으로 연장하여 매년 60만톤 수입한다, (2) 이중 수입량의 75%(연간 45만톤)은 현행협정가격의 1톤당 280파운드보다 약 7% 낮은 260파운드 정도로 한다, (3) 남은 25%(연간 15만톤)은 상한가격이 300파운드 정도, 하한가격이 150파운드 전후라는 범위를 정하여 그 때의 런던설탕시장가격(LDP가격)으로 한다. 그 일부에 관하여는 약간의 프래미엄을 추가한다 ──는 내용이라고 한다./ 결국 현행협정에서는 앞으로 3년간 인수하는 것으로 되어 있었던 180만톤의 원당을 가격은 약간 인하하여 4년간으로 인수하는 것으로 하고, 새로이 60만톤을 국제가격으로 매수한다는 내용이다. 높은 가격의 원당의 연간 인수분량이 감소한 것은 메이커에게 있어서 다소 유리하지만, 실질적으로는 적자가 이월된 것에 불과하다".[50] 또한 "정당업계는 호주 당을 제품화하여

50) 朝日新聞1977년 10월 27일 조간 1면.

판매하는 것만으로 연간 500억엔의 적자가 나는 꼴이 되었다. 이에 메이커 측은 호주 측에 가격의 대폭인하를 요구하고, 작년 6월부터 교섭이 시작되었다. 교섭이 지연되자 일본 측의 교섭의 주도권은 농림성과 상사에게 옮겨졌다. 양국 간의 골이 점점 커질 우려가 나왔기 때문이다./ 그리고 결과적으로는 겨우 7%의 가격인하로 굴복하게 되었지만, 교섭의 최종단계에서는 메이커 간에 〈좋을 대로 하라〉는 무드가 지배적이었다"고도 말해지고 있다.[51] 단지, 1977년부터 급격한 엔고가 시작되었기 때문에, 7%의 가격인하와 엔고효과를 합치면 일본 측에 있어서의 가격인하는 일정한 정도의 실질을 갖는 것이었다. 어느 신문에서는 "가격에 관하여는 〈만족할 수 있는 것이 아니다〉(藤山覺一郎(후지야마) 대일본제당 사장)라는 것이지만, 개정협정과 신협정을 합한 평균가격을 본다면, 현시점에서 본 경우 구협정에 비교하면 20% 정도는 낮아졌다고 말할 수 있다"고도 보도되고 있다.[52]

이러한 교섭의 타결에 관하여 長坂壽久(나가사까)씨는 다음과 같이 말하고 있다. "타결시인 10월26일 환률로 환산하면 고정가격분(180만톤)의 평균가격은 톤당 255파운드(410억 호주달러)이므로, 여전히 국제가격의 2배이다. …그러나 아이러니하게도 이번 분쟁을 결착으로 인도한 것은 실은 '엔고'라는 하늘의 도움과 같은 것이었다. 앞서 협정을 조인한 때(1977년 12월)에는 일본에게

51) 朝日新聞1977년 10월 27일 조간 4면.
52) 日本經濟新聞1977년 10월 27일 조간 7면.

있어서 톤당 엔코스트는 16만엔이었다. 그것이 새로운 협정을 계약한 때(1977년 10월)에는 엔고에 의해 12만엔 가까이 떨어져 있었다. 이 엔고에 의하여 일본 측의 부담은 일본 측의 가격인하 요구 폭의 범위 내에 들어온 것이고, 겨우 7%의 가격인하라도 타협할 수 있었던 것이다. 즉 계약상의 가격인하는 7%이지만, 이것과는 별도로 25% 이상의 실질 가격인하가 '엔고이익'에 의해 이루어진 것이다./ 이 천우가 없었다면, 7%의 가격인하는 이러한 큰 분쟁결과의 수지로서는 너무나도 볼 품이 없었을 것이다. 그거보다도 이 분쟁은 다시 계속되었을 것이 틀림없다".[53)]

9. 결어

우선 이상의 경과를 도표의 형태로 정리해 보도록 하자.

[일호 설탕 사건의 경위]

1974년 4월	교섭개시
12월	원당 장기 수입계약 성립
1975년 7월	계약이행개시
9월	연내거래 분의 인수연기
1976년 1월	재도의 인수연기와 대금의 연납의 제안
2월	위약금의 지급을 조건으로 연기만을 인정하는 것으로 합의
5월	일본 측 가격변경의 제안, 교섭난항
10월	수령거부구상의 등장
1977년 7월	일본 측의 원당인수거부에 의하여 호주로부터 원당수송선 도쿄만에서 체선되기 시작
1977년 10월	가격개정교섭 타결

이 일련의 거래에 있어서의 일본기업의 행동을 어떻게 평가하는지는 심히 미묘한 문제이다. 이 사건 직후 어느 신문의 사설은 "설탕과 같이 시황변동이 심한 상품에 관하여 …상사가 중심이 되어 고정가격의 일호장기협정이 체결된 것은 상사, 정당기업에게서 투기적 상법으로 뛰어들기 쉬운 체질을 빼기 어렵게 되어 있기 때문이라고 말할 수 있다"고 논하고 있다.[54] 또한 호주와의 교섭에 임하였던 대일본정당사장인 藤山覺一郎씨는 "〈설탕은 가격변동이 심한 상품이므로 가격을 장기간 고정한 계약은 위험하다는 예감은 있었지만, 정직히 말하여 국제가격은 떨어져도 기껏해야 톤당 200파운드(호주당의 계약가격은 당시 229파운드)정도로 보고 있었다. 그것이 100파운드 가까이까지 떨어진 것이므로, 판단이 나쁘다고 말하여도 어쩔 수 없다〉"[55]고 말하고 있다. 또한 이 계약분쟁 시 아사히신문 시드니지 국장을 하고 있었던 小林宏(고바야시)씨는 다음과 같이 말하고 있다. "〈설탕은 국제상품. 변동이 있는 것은 충분히 예상할 수 있었을 것이다〉라고 하는 〈어리석은 자의 소 잃고 외양간 고치기〉적인 의견도 있겠지만, 슈퍼에서 차례로 설탕이 모습을 감추는 이상한 분위기 하에서는 협정가격을 국제가격으로라는 호주의 주장을 받아들이지 않고 고정가격으로 한 것은 어쩔 수 없었을지도 모른다./ 그러나 일본 측은, 설탕은 가격

53) 長坂, 전게주(6), 36면 이하.
54) 日本經濟新聞1977년 10월 30일 조간 2면.
55) 朝日新聞1977년 9월 13일 석간 3면.

변동이 격렬한 국제상품이라는 것을 충분히 읽은 다음 이 협정에서 큰 도박을 하였다는 것이 진상일 것이다. 〈3승2패〉설이 그것이다. 즉 협정(5년) 중 3년간은 협정가격이 국제가격보다 낮다. 2년간은 이 반대이고 결과적으로 1년은 일본 측이 득을 본다는 도박이다".[56] 만일 이 사건의 배경이 이러한 것이었다고 한다면, 도박에서 진 일본이 도산의 위기를 외치면서 사후적으로 당초의 계약의 개정을 요구하였다는 측면도 있는 것처럼 생각된다.

56) 小林, 전게(주6), 202면 이하.

제3절 소 결

제2절에서 말한 일호설탕 사건은 일본인의 계약관과의 관계에서는 어떻게 이해하여야 할 것인가. 澤木敬郎(사와끼)교수는 가와시마 계약의식론을 인용하면서 "계약의 내용에 관하여도 소작계약, 건축도급계약, 신원보증계약 등을 예로 들면서, 일본에서는 계약내용에 융통성이 있기 때문에 안정감이 생기고, 분쟁이 발생하면 그 때에 원만한 대화로 해결하면 좋다고 일반적으로 생각되고 있는 것이 밝혀지고, 역시 거기서도 불확정성을 선호한다"[57]고 말하며 일호설탕 사건을 가와시마 계약의식론의 예증으로서 이해한다. 계약의식론이 아니라도 "일본에서는 법을 좋아하지 않는다", "일본민족은 정동성(情動性)이 우세한 성격형에 속하고 법에 대하여 알레르기반응을 일으킨다"[58]고 말해지는 일도 많지만, 이러한 이해와 일호설탕 사건에서의 일본기업의 행동에는 일맥상통한 것도 있는 것처럼 생각된다.

확실히 계약체결 후에 협의에 의하여 가격개정을 구하는 융통성을 요구한 일본 측 계약당사자의 행동은 "권리의무가 불명확하고 불확정한 따라서 대화에 의한 해결을 기대하고 상밀한 규정을 갖지

---

57) 神島二郎 · 澤木敬郎 · 所一彦 淡路剛久編, 日本人と法(ぎょうせい, 1978년)124면.

58) Y.NODA, INTRODUCTION AU DROIT JAPONAIS 175,/182. 大木雅夫, 日本人の法觀念(東京大學出版會, 1983년)25면.

59) 川島, 전제주(1), 119면.

아니한 계약"[59]이라는 가와시마 테제와 합치하는 것과도 같다. 그러나 이익의 획득, 손실의 회피는 비즈니스의 기본목표이므로, 이러한 행동은 비즈니스맨의 보편적 행동인 가능성도 있을 수 있고, 또한 체결한 계약이 초래하는 결과가 파산의 위기인 것과 같은 경우에는 위기에 빠진 비즈니스맨이 만국공통으로 그 계약의 준수로부터의 이탈을 구하는 행동을 취할 가능성도 역시 부정할 수 없는 것이다.

이러한 관점에서 다음의 제2장 제1절에서 일호설탕 사건과 거의 유사한 상황 하에서의 미국기업의 행동으로서 웨스팅하우스 사건을, 제2절에서 보다 일반적인 미국기업의 행동을 고찰한 맥코레이의 연구를 다루도록 하겠다.

그 후 미일 2개국이 아닌 보다 보편적이고 실증적인 연구로서 우리의 조사결과를 제 3 장 이하에서 보고하도록 하겠다.

제 2 장 '미국인의 계약관'과 웨스팅하우스 사건

제 1 절 웨스팅하우스 사건으로 보는 미국기업의 계약행동

1. 서 언

제 1 장에서 검토한 일호설탕 사건과 매우 유사한 사건이 미국에서도 거의 비슷한 시기에 발생하였다. 그것은 웨스팅하우스 사건으로 불리는 케이스로서, 장기계약, 목적물의 시황의 대변동, 파산의 직면이라는 3점에서 일호설탕 사건과 혹사한 것이다. 이 사건에서 일반적으로는 가장 '리걸리스틱' 하다는 미국의 회사가 어떠한 행동을 취하였는지를 살펴보도록 하자.

2. 장기계약

웨스팅하우스사는 원자로의 주요 제조업자이고, 원자력발전에 당시 익숙하지 않았던 전력회사에 원자로를 판매하기 위하여 연료인 우라늄을 고정가격으로 공급한다는 장기계약을 1973년부터

1974년에 걸쳐서 다수 체결하였다. 구체적으로는 1975년 1월 1일 현재 미국의 전력회사 23사, 해외의 전력회사 3사와 이러한 고정가격의 장기계약을 체결하고 있고, 1975년부터 1988년의 기간에 6만톤 정도의 우라늄 공급의 의무를 지고 있었다. 그 약정의 고정가격은 1파운드 당 8달러에서 10달러였다고 추측되고 있다. 그러나 웨스팅하우스사는 이 우라늄 납입을 위한 준비로서 6,000에서 7,000톤의 재고와 우라늄 공급자로부터의 입수계약 14,000톤의 합계 약 2만톤만의 대책을 세워두고 있었다. 따라서 약 40,000톤이 부족하였다.

3. 시황의 대변동

그런데 우라늄의 시장가격은 1962년부터 1967년까지 1파운드 8달러였던 것이 그 후 하락하기 시작하여 1968년에는 6달러대로 떨어지고, 1971년에는 6달러 아래로 하락하였다. 당시의 일반적인 예측은 원자력발전의 확대를 예측하여 가격상승을 강하게 시사하고 있었지만, 가격 저미는 계속되어 1973년에 되어도 6달러 대 후반이었다. 이 상황 하에서 상기의 고정가격의 장기계약이 다수 체결된 것인데, 실은 그들 체결의 도중에도 우라늄의 시장가격은 급등으로 바뀌었고, 1974년 6월에는 1파운드당 10달러를 넘고 있었다. 이 급등은 계속되어 1975년 5월에는 상기의 추정 고정가격의 배가 넘는 21달러가 되고, 그 해 연말에는 35달러를 기록하였다.

4. 파산의 위기

결국 계약상의 의무로서 웨스팅하우스사는 우라늄 생산자로부터 시장가격인 1파운드당 35달러 정도로 우라늄을 구입하여 그것을 고정가격인 10달러 정도로 전력회사에 공급하여야 하는 것이 된 것이다. 이것은 단순계산에 의하면 총액으로 20억달러 이상의 손실이 된다(1달러 100엔 환산으로 2000억엔). 이 상황에서는 원자로 본체의 판매이익을 아무리 많이 올려도 보충할 수가 없었다. 이 손실은 웨스팅하우스사의 총자산의 반 이상에 상당하였다. 즉 이대로 이행하면 웨스팅하우스사는 파산할 수밖에 없었던 것이다.

5. 결착

그렇다면 일본인의 계약의식에 대비되는 '근대적'인 계약의식을 갖는 미국의 회사는 계약을 준수하여 적자의 이행을 파산하기까지 계속한 것일까? 웨스팅하우스사는 법에 충실하게 자랑스럽게 파멸한 것일까?

1975년 9월 8일에 웨스팅하우스사는 상기 우라늄의 장기공급계약을 없었던 것으로 한다는 일방적인 선언을 하였다. 그 때 이 일방적인 계약파기의 정당화근거로서 미국의 통일상사법전이 규정하는 '사업으로서의 비현실성(commercial impracticability)'을 원용하였다. 이 계약파기 선언의 결과, 웨스팅하우스사는 27개의 전력회사가 제기한 합계 14개의 소송의 피고가 되었다. 이들 소송은 그 후 모두 화해로 결착되었다(사업으로서의 비현실성의 요건이 충족되지 아니하고, 따라서 판결까지 가면 피고패소가 될 것이라는 분석이 유력하다). 결국 웨스팅하우스사는 자초하였다고 할 수 있는 이 존망의 위기를 강인하고 일방적으로 법을 어기는 것으로 극복하였다고 말할 수 있다.

제 2 절 '미국인의 계약관'의 실상
— 맥코레이 조사로부터

제1절에서 다룬 것은 하나의 케이스연구였지만, 여기서는 다소 보편성을 갖는 연구로서, 유명한 맥코레이의 위스콘신에서의 인터뷰조사[60]를 다루도록 하겠다. 이 조사는 앞서 소개한 가와시마 "日本人の契約觀"(일본인의 계약관)의 간행과 비슷한 시기에 나온 것이지만, 가와시마 테제에서 '일본인의 계약관'으로 되어 있었던 것이 위스콘신의 비즈니스맨 사이에서도 상당히 공유되어 있음이 밝혀진다. 가령 이것이 미국의 다른 지방에서도 보여 지는 것이라면, 가와시마와 같은 미일비교가 과연 타당한 것인지 의문을 갖게 할 것이나. 이 연구는 일본에서도 주목되는 일이 많지만,[61] 그 특징적인 부분을 여기서도 소개하도록 하겠다.

"비즈니스맨은 분쟁해결이나 조정을 위하여 법적인 제재수단을

---

60) Macaulay, supra note 4, ch. 1.

61) 川又良也, アメリカ統一商事法典2-207條について, 京都大學商法研究會編, 大隅健一郎還曆記念 商事法の研究(1968년) 291면; 星野英一, 民法論集 第3卷(有斐閣, 1972년) 62면;樋口範雄, 法意識調査に關する一資料, 學習院大學法學部研究年報19 (1984년)304면 이하, 동, アメリカ契約法[アメリカ法ベーシックス1](弘文堂, 1994년)14면; 太田知行, 交換過程における契約の役割 - 日米の比較を中心にして, 藤倉晧一郎 長尾龍一編, 國際摩擦 - その法文化的背景(日本評論社, 1989년)61면 이하; 內田貴, 契約の再生(弘文堂, 1990년)61면 이하; マーク ラムザイヤー, 法と経濟學 - 日本法の経濟分析(弘文堂, 1990년)68면 이하; 中田裕康, 継續的賣買の解消(有斐閣, 1994년)415면 이하 등.

사용하는 일이 거의 없다".[62] "거래가 큰 리스크를 동반하는 것이라도 비즈니스맨은 짧은 편지에서의 〈남자의 약속〉, 악수, 또는 〈일반시민으로서의 성실과 예절〉을 신뢰하려는 것이 보통이다". "거액의 거래에서 큰 리스크가 발생하려는 경우에도 비즈니스맨이 계약을 간단한 것으로 하고 공문서적인 형식성을 피하려고 하는 것에 법률가는 불만을 품고 있다".[63]

"계약 외의 장소에서 상당한 양의 교섭이 이루어지고 있다". "관계가 지속되고 있는 사이에는 일방 또는 쌍방 당사자의 계약채무는 합의에 의하여 변경되고, 교섭에 의한 조정이 시도된다. 예를 들면 매수인은 주문이 완료된 상품의 전부 또는 일부가 더 이상 필요 없게 된 경우에 취소하는 것이 허용되는 일도 있다. 매도인도 거래환경이 격변한 경우에는 약정가격 이상의 가격의 지급을 받는 일이 있다". "비즈니스맨은 계약을 체결하였다고 느끼는 것이 아니라 주문을 받았다고 느끼는 것이 보통이다. 그들은 〈계약위반〉이라기보다 〈주문의 취소〉로 표현한다.… 그들은 취소가 나쁘다고는 생각하지 않는다. 〈이 법률사무소의〉 대부분의 의뢰인 들, 적어도 중공업의 사람들은 매도인과 매수인이라는 관계의 일부로서 취소할 권리가 있다고 믿는다. 매우 애매한 기한이지만 그 기한 이내라면 어떠한 거래에서도 손을 뺄 수 있다는 것이 널리 일반적으로 보여 지는 태도이다. 이 태도에 법률가는 종종 놀라게 된다". "분

62) Macaulay, supra note 4, ch. 1, at 55.
63) Macaulay, supra note 4, ch. 1, at 58.

쟁이 발생한 경우에는 계약 또는 잠재적 내지는 실제로 있는 법적 제재수단을 언급하는 일이 없이 그것이 해결되는 일이 많다. 이러한 교섭과정에서는 법적권리에 언급하는 것, 또는 소송제기를 암시하는 것에는 주저한다. 주의 깊게 만들어진 상세한 계약서를 당사자가 갖고 있고, 거기에는 예를 들면 매도인이 인도기한을 지킬 수 없었던 경우의 일이 규정되어 있어도, 현실적으로 그 사태에 도달한 경우, 당사자는 그 계약을 언급하지 아니하고 마치 그 원래의 계약이 존재하지 않는 것과 같이 분쟁해결교섭을 되는 경우가 많다". "만일 무슨 일이 일어나도 당신은 상대방에게 전화하고 문제를 처리하여야 한다. 만일 계속 거래를 하려고 생각하고 있다면 법률가에게 달려가면 안된다. 왜냐하면 인간은 예의 바르게 행동하여야 하기 때문에","민일 법률가와 회계사를 끌어들이시반 않는다면 어떠한 분쟁도 해결할 수 있다. 그들은 비즈니스에 필요한 기브 앤드 테이크를 모르고 있는 것이다".[64)]

"세심한 주의로 작성된 계약서도 비즈니스에서 교섭하는 관계에 있어서는 반드시 바람직한 것은 아니다. 그것은 신뢰의 결여를 보이는 것이고…우정의 필요성을 둔감하게 하며 협력적으로 하여야 할 사업을 적대적인 말 거래와 같은 빈틈이 없는 것으로 만들어 버린다". "따라서 〈flexibility(유연성)〉라고 불리고 있었던 것은 없어지게 된다. 비즈니스맨은 실제의 환경에 맞게 교섭이 가능하

---

64) Macaulay, supra note 4, ch. 1, at 61.

도록 계약채무를 애매한 상태로 놓아두는 것을 선호하는 것 같다".[65]

"계약위반을 이유로 소송을 제기하면, 특정한 분쟁은 해결할 수 있을지도 모른다. 그러나 그러한 소송은 2개의 기업 사이의 '결혼'을 종료시키는 '이혼'과 같은 결과가 되는 일이 많다. 왜냐하면 계약위반 소송은 어찌되었건 불성실하다고 생각하게 하는 방법으로 제기되기 쉽기 때문이다".[66]

이상을 본다면, 가와시마가 관찰한 일본인과 맥코레이가 조사한 위스콘신의 비즈니스맨은 마치 형제처럼 보인다.

일본인과 미국인 또는 서양인의 계약관은 과연 유사한 것일까, 다른 것일까.

---

65) Macaulay, supra note 4, ch. 1, at 64.
66) Macaulay, supra note 4, ch. 1, at 65.

제 2 부 22개국/지역 계약의식 조사

제 3 장 조사의 설계 - 인상론으로부터 실증연구로

1. 조사의 기본설계

이상 서술한 상황을 전제로 하면, 일본인과 미국인의 계약관이 유사한지 다른지 매우 불명확해진다. 이에 우리는 계약환경이 격변한 경우에 동일 상황 하에서 각국의 국민이 어떻게 반응하는지를 실증적으로 연구함으로서, 미일을 포함하는 각국의 국민의 계약의식에 어떠한 차이가 있는지를 조사하기로 하였다. 조사방법으로서는 준실험계획법[67]을 채용하였다.

구체적으로는, 이 조사는 국제계약에 관련된 비즈니스맨의 계약의식과 분쟁이 발생한 경우에 그 분쟁해결에 임하게 될 법률가의 계약의식을 명확히 하는 것이 목적이었다. 단지 조사대상으로서 많은 나라에서 계량분석이 가능한 수의 등질적인 비즈니스맨 집단, 각국 간의 등질성을 확보하기 위하여 비즈니스맨 예비군으로서 경영, 상과대학 내지 비즈니스스쿨의 학생, 법률가 예비군으로서 법과대학 내지 로스쿨의 학생을 다루었다.

67) 실험계획과 같이 조건을 완전히 통제할 수 없지만 가능한 실험계획법에 가까운 명확한 평가를 내릴 수 있도록 안출된 조사법을 가리킨다.

그리고 장기계약 상의 분쟁을 내용으로 하는 스토리를 서술하는 조사표를 작성하고, 스토리의 도중에 5단계 스케일의 질문항목을 만들어 그에 대한 나라별(또는 속성별의 회답자 집단별)의 회답치 차이의 패턴을 분석함으로서, 각각의 계약의식의 차이를 명확히 하려고 한 것이 이 연구이다.

이 조사표의 스토리는 전술한 일호설탕 사건에 대응하는 것으로, 다음과 같은 줄거리였다(조사표의 구체적인 소개에 관하여는 74면 이하 참조). 우선 장기수출입계약(후술하듯이 국내 버전에서는 국내거래계약)이 체결되지만, 목적물의 가격이 극적으로 하락하였기 때문에, 매수인은 계약가격의 개정을 요구하고, 매도인은 이를 거부한다. 그리고 매수인은 최종적으로 선적된 하물의 수취를 거부하고, 항구에 많은 배가 체선한다는 사태가 되고, 계약이 개정되기에 이른다. 이 스토리가 전개하여 가는 각각의 단계에서 8개의 주된 설문이 준비되어 있다. 이들 설문은 거래를 둘러싼 상황이 변화한 경우에 회답자가 어느 정도 계약조항을 지키려고 하는지를 계측하는 것이다.

여기서는 계약분쟁과정 안에서의 동태적인 계약의식 ——시시각각 변화하여 가는 각각의 상황에서 계약을 체결한 이상 계약을 준수하여야 한다고 어느 정도 생각하는지 ——을 파악하려고 조사표가 설계되어 있다. 종래의 법의식론에서는 현실의 계약거래가 계약의 체결을 위한 예비교섭, 계약의 체결, 그 이행이라는 일련의 흐름 속에서 무엇인가의 트러블이 발생함에 따른 이 계약 프로세

스의 중단, 변경, 손해배상 등의 문제가 동태적으로 진행한다는 점의 고려가 불충분하였음을 다소라도 보완하고 싶었기 때문이다.

이러한 조사표의 설계에 의하면, 회답자의 자국옹호, 일정한 국가에 대한 편견 등에 의하여 회답이 달라질 가능성이 있고, 정확한 데이터를 입수할 수 없는 우려가 있다. 이에 우리는 회답자 집단의 편견의 영향을 피하기 위하여 분쟁당사자가 되는 나라를 다르게 하고, 또한 익명의 국가도 포함하는 복수의 버전에 의한 조사를 하기로 하였다. 또한 구체적인 국명을 거명할 때에는 각각의 국가에 관하여 그 나라가 수출국이 되는 것과 수입국이 되는 것이라는 2종류의 대칭적인 질문표를 만들고, 회답자의 특정한 국가에 대한 편견을 컨트롤하였다. 이 조사에서는 회답자는 하나의 버전에 회답할 뿐이지만, 동일한 조사에서 복수의 버전을 항상 동일한 수만큼 배포한다는 방법에 의하여 회답자 집단 전체의 특정국에 대한 반감, 편견 등을 결과로서 상쇄시키는 조사방법을 택하였다.

조사국에 의하여 거명되는 국명이 조금씩 달라지지만, 미일조사를 예로 든다면, 다음과 같은 6개의 버전이 준비되어 있다(아울러 버전 마다 수출국, 수입국이 다르므로 무역통계를 참조하면서 가격변동이 심한 상품을 각 버전마다 선정하였다).

아울러 조사표는 모두 번역을 한 다음 각각의 조사국의 모국어로 작성하였다.[68)]

---

68) 각국 조사에서 실제로 사용한 조사표는 익명국 버전만을 法意識國際比較硏究會, 契約意識 22個國/地域 比較調査基本報告書, 法政論集196호(2003년)319면에 모두 수록하였다.

	수입국	수출국
1	일본	미국
2	미국	일본
3	미국국내거래	
4	A국	B국
5	미국	호주
6	호주	미국

각국에서의 조사는 위에 든 6개 버전조사가 기본이지만, 발전도상국 등 대학의 수가 적고 조사대상자가 충분하지 않은 나라에서는 4개 버전조사를 하였고, 조사의 기축이 된 일본에서는 16버전의 조사를 하였다.

2. 다국 간 조사

아울러 종래의 계약의식론, 법의식론은 미일비교, 그것을 다소 일반화한 일본 대 서양의 비교로 종시하는 것이 보통이었다. 그러나 현실의 국제사회는 미일만으로 또는 일본과 서양만으로서 성립하는 것이 아니다. 종래 일본특수론을 전제로 하여 논하여져 온 그러한 관념이 있는 계약의식론, 법의식론을 재고하기 위하여는 전통적으로 일본인의 계약의식, 일본인의 법의식이라고 생각되어진 내용이 어디까지 특수 일본적인 지를 재고할 필요가 있다. 가령 자주 말해지듯이 일본인이 서양 형태의 법의식을 갖지 않는다면, 일본에 이식된 서양법은 문화적인 이물질이므로, 서양법의 수용 시에 일본사회에 무엇인가의 저항감이 있는 것이 자연적이다. 그렇다고 한다면 일본인만이 아니라 서양법의 이식지의 국민은 서양형태의 권리의식을 갖지 않는 것이 당연하다는 측면도 있다. 또한 일본적이라고 생각되어진 문제에는 ──근래 유교문화권론에는 비판도 있지만 ──유교, 불교문화권 일반의 문제도 포함되어 있는 측면도 있을 것이다. 그렇다면 일본인의 계약의식, 법의식이 미국인이나 서양인과 비교하여 정말로 특수한 것인지의 문제점과 함께 일본적인 것과 동양적인 것, 또한 서양법의 피이식지 일반의 특색이 중첩적 구조를 이루고 있는 것으로서 해명될 필요가 있을 것이다. 이러한 관점에서 일 · 미, 동양 · 서양을 상대화하기 위하여는 일본 대 서양이라는 틀을 넘어 서양 대 동아시아, 힌두권, 이슬람권, 아프리카, 라틴아메리카 등등, 다양한 서양법의 피이식문화권을 포함하여 다국 간에서의 대비, 분석이 중요함은 두말할 필요가 없다. 또한 이러한 문제의식은 계약의식론, 법의식론에 종시하는 것이 아니고, 사회비교론으로 발전하여 갈 것이다.[69] 이러한 문제

69) 이러한 문제의식 하에 법의식론과 사회론을 연결한 것으로서 우리가 행하여 온 중국인의 법의식연구, 특히 法意識國際比較研究會, 中國人の法意識 - 1995年中國全國調査(1)～(5), ジュリスト1169号(1999년)95면 이하, 1172号104면 이하, 1173号116면 이하, 1178号69면 이하, 1188号(이상 2000년)49면 이하; 藤本亮, 中國社會における紛爭解決行動と裁判所利用の法意識 - 1995年全國調査データから(1)～(4完), 判例タイムズ 1076号45면 이하, 1077号63면 이하, 1079号67면 이하. 1080号(이상 2002년)73면 이하 참조.

의식 하에서 행하여진 본 조사는 세계 5대륙에 걸쳐 22개국/지역에서 총 23,885샘플을 회수하는 것이었다.

3. 유보점

본 조사에 관하여 유보하여야 할 점은 몇 가지 있지만,[70] 가장 중요한 유보점으로서, 다음의 점을 말해두고자 한다. 연구자금의 문제도 있었지만, 무엇보다도 조사 모집단의 명부가 조사대상국에 없었기 때문에, 본 조사는 랜덤샘플에 의하지 않은 점이다. 따라서 각각의 나라의 법대생, 경영 · 상대생이라는 모집단의 절대치의 추정은 불가능하고, 어디까지나 수집 샘플에 기한 국제비교에 그친다는 점이다. 또한 이들 대학의 학생이 각각의 나라의 사람을 대표하는 것이 아니므로, ○○인의 계약의식 등의 형태로 일반화할 수 없는 것은 물론이다. 단지, 이 정도의 대규모 국제조사는 지금까지 존재하지 않기 때문에 탐색적 연구로서의 가치는 매우 크다고 말할 수 있을 것이다.

70) 자세히는 法意識國際比較硏究會, 전게주(68), 129면 이하 참조.

제 4 장 일본 조사

일본 조사는 1995년에 실시되었다. 이 조사는 국제 조사 중에서는 비교적 조기의 단계에서 행하여졌기 때문에 그 단계에서는 일본의 국제적 위상은 명확하지 않았지만, 부산물로서 일본 국내에서의 계약관의 비동질성이 명확해졌다. 구체적으로는 경영, 상학부생은 법학부생보다 계약준수의식이 높고, 또한 남성 쪽이 여성보다도 계약준수의식이 높다는 결과가 밝혀졌다(남녀 간의 성별차이는 8질문의 항목 모든 부분에 걸쳐서 통계적으로 의의가 있고, 경영 상학부생과 법학부생은 8질문항목 중 5항목에 걸쳐서 통계적으로 의의가 있는 차이를 보였다).

〈그 외에 지역차로서 칸또(도쿄지역), 칸사이(오사카지역), 쥬쿄(나고야지역) 지구의 순으로 계약준수도가 높다는 경향이 보였다. 특히 칸또, 쥬쿄 지구의 학생은 8질문항목 중 4질문에 관하여 통계적으로 의의가 있는 차이를 보이고 있다.[71] 단지, 본 조사가 원

71) 본문에서 말하였듯이 조사표 자체가 출생 후 생육지의 차이를 특정할 수 있도록 설정되어 있지 않기 때문에, 계약준수도의 지역차를 단정하는 것도 위험하고, 나아가 그 원인 등을 생각할 단계는 아닐 것이다.
단지, 잠정적인 조사결과에 관한 다소의 고찰을 하여 보자. 쥬쿄 지구의 학생은 칸토의 학생과 비교하여 계약환경이 바뀌었을 때에 일방당사자로부터

래 국제비교를 목적으로 한 것이고, 조사표의 설계상 조사시점에서의 거주지는 명확하지만, 설문에 출신지항목이 없기 때문에 이번에는 이 이상 지역차의 문제에는 들어가지 않겠다.〉

종래 계약관의 국제적 이동(異同)을 논하는 것은 많았지만, 국내적인 계약의식의 차이는 논하여진 일이 전혀 없었기 때문에, 이 조사결과를 국제적으로 어느 정도 볼 수 있는지는 이러한 국내적인 차이를 보이는 원인의 해명과 함께 ―매우 흥미를 끄는 것이

부터의 계약개정의 신청에 응하지 않는 상대방의 행동에 대하여 비난하는 경향이 강하였다. 즉 당초 계약 개정의 신청에 상대방은 응하여야 한다고 상대적으로 강하게 생각하고 있었던 것이다. 그러나 계약개정의 신청에 상대방이 응하지 않으므로 상품의 수취를 거절하면 그에 대한 반발도 쥬쿄 지구의 학생은 칸토 지구의 학생보다도 높았다. 이것은 모두 통계적으로 의의가 있는 차이를 보이고 있다(法意識國際比較研究會, 日本人の契約觀, ジュリスト1096号(1996년)57면).

일견 두 가지 반응은 모순되고 뒤틀린 회답이 나온 것처럼 보인다. 그러나 이것을 '상대방에 대한 배신' 이라는 시점에서 생각하면, 일관된 회답이라고 생각할 여지도 있다. 곤란에 빠진 상대방으로부터의 계약개정의 신청을 거절하는 것도 상대방에 대한 배신이라면 상대방이 생각하듯이 자신의 의향을 듣지 않아도 수취거절과 같은 강경수단에 호소하는 것도 상대방에 대한 배신이라고 말할 수 있기 때문이다. 쥬쿄권이 칸토권보다도 인구이동성이 낮고 일본의 전통적인 커뮤니티의 일체성을 유지하고 있는 정도가 상대적으로 강하다고 가정하면, 인적 관계의 농밀도의 차이가 쥬쿄 지구에서의 회답의 차이를 발생시킨 것이라고 해석할 여지도 있을 것이다. 즉 쥬쿄 지구에서는 칸토 지구와 비교하여 계약규범에 인간관계규범이 우위를 차지하는 정도가 높은 것이 아닌가라는 가설이 성립하는 것이다.

실증적인 조사를 떠나는 것이 되지만, 브라질에서 조사준비를 할 때에 브라질리아나 마나오스 등의 육지의 고도적인 성격을 갖는 도시에서 "여기에서는 상대방을 배신하는 것은 곤란하다. 아무리 노력하여도 직접, 간접의 지인이라는 관계가 있기 때문" 이라는 발언을 듣는 일이 많았다. 이것과 유사한 상황이 ― 정도의 차는 있지만 ― 쥬쿄 지구에서도 보여 진다고 생각된다.

었다.

일본조사의 결과는 이미 법률잡지인 ジュリスト의 특집[72]으로 발표하였기 때문에, 여기서는 국제비교를 중심으로 조사결과를 발표하고, 이상에서 말한 문제의식을 가지면서 국제조사의 결과를 분석하도록 하겠다.

72) 特集, 日本人の契約觀と法意識, ジュリスト1096号(1996년)40면 이하.

제 5 장 22개국/지역 조사결과의 개요

제 1 절 조사의 대상

이하 각국별로 비교한 조사결과를 제시하지만, 조사를 한 나라/지역은 일본에서 대략 서쪽 순으로 〈표1〉과 같다(아울러 수집샘플 수는 23,885였지만, 회답자 중 법학, 경영ㆍ상학 전공 이외의 학생, 또한 그러한 전공이어도 법학, 경영ㆍ상학부 등의 교육이 침투되지 않은 1학년생, 각각의 나라에서의 외국인학생을 분석 외로 하는 것을 원칙으로 하였기 때문에 분석대상 샘플 수는 16,908로 되어 있다. 아울러 프랑스와 스웨덴은 경영ㆍ상학 전공과정이 존재하지 않기 때문에 경제학 전공학생을 대상으로 하여 조사를 하고, 이 2개국에 관하여는 경제학 전공학생을 분석대상에 포함하였다. 아울러 홍콩조사는 중국반환 전에 한 것이다).

〈표 1〉 조사국/지역의 전공별 샘플 수

		전 공		합 계
		법 학	경영 상학	
조사국/지역	일본	1660	1039	2699
	한국	682	772*4	1454
	대만	583	429	1012
	중국	606	292*4	898
	홍콩	245	334	579
	필리핀	532	3*1	535
	베트남	464	3*1	467
	타이	421	689	1110
	인도	622	418	1040
	이스라엘	558	168	726
	이집트	0*1	593	593
	이탈리아	273	0*1	273
	스웨덴	439	194*3	633
	독일	672	64*2	736
	프랑스	278	303*3	581
	영국	606	376	982
	스페인	59*2	0*1	59*2
	미국	456	430	886
	멕시코	65*2	24	89*2
	브라질	363	3*1	366
	뉴질랜드	206	140	346
	호주	498	346	844
합계		10288	6620	16908

*1 유효 샘플이 존재하지 않거나 극소수이기 때문에 분석대상으로 할 수 없다.
*2 유효 샘플이 다른 곳과 비교하여 적기 때문에 분석결과를 볼 때에는 주의할 필요가 있다.
*3 상학계 전공학생 대신에 경제학 전공학생을 샘플로 하고 있다.
*4 한국과 중국에 관하여는 경영 상학전공에 더하여 국제거래 내지 무역전공도 포함한다.

이하의 서술에서는 샘플 수가 200 이상인 것만을 다루고, 이에 해당하지 않는 스페인과 멕시코는 분석대상에서 제외하기로 한다. 또한 전공별 비교는 이 2개국만이 아니라 경영 · 상학부 조사가 불가능하였던 필리핀, 베트남, 이탈리아, 브라질, 법학부조사가 불가능하였던 이집트를 제외한 15개국/지역만으로 하기로 한다.

또한 이 책은 조사결과의 개요를 제시하는 것을 목적으로 하기 때문에, 통계적인 유의성의 상세에 관하여는 전게(주68)의 "契約意識 22個國/地域 比較調査基本報告書"의 서술에 미루고, 여기서는 그래프로 나타낼 때에 통계적으로 의의가 있는 질문항목을 고딕으로 표시하는 것에 그쳤다.

아울러 이장의 기술 중 조사결과의 해석에 관련된 것은 가또의 개인적인 견해이고, 연구회멤버 전원의 견해를 반드시 반영한 것이 아닌 점에 양해하여 주기 바란다.

제 2 절 조사표의 내용

분석내용을 제시하기 전에 조사표의 내용을 소개하도록 하겠다.

본 조사는 일종의 시나리오 리서치이지만, 조사표의 질문의 본체 부분은 다음과 같이 시작된다.

1990년 1월 A국의 회사와 B국의 회사는 국제적 가격변동이 심한 상품 X의 장기수입계약을 체결하였습니다. 그 당시의 상품 X의 국제가격은 1톤 당 400달러였습니다. 그러나 이 체결된 계약의 내용은 A국의 회사가 1991년부터 5년간 B국의 회사로부터 국제가격의 반액인 1톤당 200달러로 연간 50만톤의 상품 X를 수입한다는 것이었습니다.

그런데 1년 후(1991년 1월) 계약이 이행되기 시작한 단계에서는 가격은 당초의 국제가격의 4분의 1인 100달러로 하락하였습니다.

A국의 회사는 경영내용이 그다지 좋지 않았습니다. 계약이행기로부터 2개월 후인 3월, 상대적으로 비싼 수입상품 X를 사용함으로서 경영악화를 우려한 A국의 회사는 초년도 수입 분의 5분의 1을 다음해로 돌리자고 B국의 회사에게 제안하였습니다. B국의 회사는 이를 승낙하였습니다.

그러나 다음 해인 1992년이 되어도 상품 X의 국제가격은 하락을 계속하여 80달러가 되었습니다. 이에 A국의 회사는 가격의 재교섭을 제안하였습니다. 그러나 B국의 회사는 이를 거부하였습니다.

이 제안은 1992년부터 1993년에 걸쳐 몇 번씩 A국의 회사로부터 반복되었습니다. 그러나 교섭은 하였지만 가격개정에 관하여 실질적인 진전은 없었습니다.

이상과 같은 상황 하에서 당신은 아래와 같은 의견에 관하여 어떻게 생각합니까. 해당하는 번호에 체크해 주십시오.

A 상품 X와 같이 국제가격변동이 심한 상품에 관하여 5년씩이나 장기계약을 맺는 것은 무모하다.

1. 전적으로 그렇다.
2. 그렇다.
3. 어느 쪽이라고 말할 수 없다.
4. 그렇지 않다.
5. 전적으로 그렇지 않다.

다음으로 이러한 상황 하에서 계약의 개정제안이 답변자에게 어떻게 평기되는지를 측정하려고 한 것이 B의 설문이다.

B 상품 X의 국제가격이 크게 변경된 이상 계약내용을 바꾸는 것은 당연하고 A국의 회사가 취한 행동은 자연적인 것이라고 하여야 할 것이다.

1. 전적으로 그렇다.
2. 그렇다.
3. 어느 쪽이라고 말할 수 없다.
4. 그렇지 않다.
5. 전적으로 그렇지 않다.

매수인의 계약개정제안에 대하여 매도인은 응하지 아니하였는데 이 매도인의 거부행동의 평가는 다음의 C에서 측정된다.

C 상품 X의 국제가격이 그 정도로 변동되었는데 B국의 회사가 장기간 A국의 회사의 가격재교섭의 제안에 응하지 않은 것은 장기거래에 임하는 태도로서 너무 경직적이다.

1. 전적으로 그렇다.
2. 그렇다.
3. 어느 쪽이라고 말할 수 없다.
4. 그렇지 않다.
5. 전적으로 그렇지 않다.

조사표의 스토리는 다음과 같이 계속되어 간다.

B국의 회사가 가격개정의 요청에 응하지 않았기 때문에 A국의 회사의 경영자는 상품 X의 수취를 거부하려고 하고 있습니다.

D 당신은 이 행동에 대하여 어떻게 생각합니까.

1. 전적으로 그렇다.
2. 그렇다.
3. 어느 쪽이라고 말할 수 없다.
4. 그렇지 않다.
5. 전적으로 그렇지 않다.

스토리는 다음과 같이 전개된다.

이 사건은 다음과 같은 경위를 거치게 되었습니다. A국의 회사는 B국으로 선적되어 온 상품 X의 수취를 거부하였습니다. 그 결과 상품 X를 만재한 수송선 10척이 A국의 항구에 체선하는 소동이 벌어지고 그 상태가 3개월 계속되었습니다.

1993년10월 A국의 회사와 B국의 회사와의 재교섭의 결과 상품 X의 가격은 10% 인하되고 180달러로 하는 것으로 재교섭이 타결되었습니다.

이를 전제로 당신은 다음의 의견에 관하여 어떻게 생각합니까.

> E 계약을 체결한 이상 그것을 지켜야 하고 A국의 회사가 취한 일련의 행동에는 찬성할 수 없다.
>
> 1. 전적으로 그렇다.
> 2. 그렇다.
> 3. 어느 쪽이라고 말할 수 없다.
> 4. 그렇지 않다.
> 5. 전적으로 그렇지 않다.

질문 E에서는 A국의 회사가 취한 행동에 대한 찬부를 물었지만, 나아가 도의적 레벨에서의 비난가능성을 물은 것이 질문 F이다.

> F A국의 회사가 취한 일련의 행동은 도의적으로 보아 비열하다고 말하여야 한다.

> 1. 전적으로 그렇다.
> 2. 그렇다.
> 3. 어느 쪽이라고 말할 수 없다.
> 4. 그렇지 않다.
> 5. 전적으로 그렇지 않다.

다음으로 매도인의 최종적인 가격인하의 수용에 대하여 답변자들은 어떻게 평가하고 있을까. G의 설문과 그에 대한 회답을 보도록 하자.

> G 일단 장기계약의 형태로 가격이 결정되었는데 B국의 회사가 최종적으로 가격의 할인에 응한 것은 바보 같다.
> 1. 전적으로 그렇다.
> 2. 그렇다.
> 3. 어느 쪽이라고 말할 수 없다.
> 4. 그렇지 않다.
> 5. 전적으로 그렇지 않다.

거래환경의 변화를 배경으로 한 계약개정제안이라고 하여도 매수인이 통상의 상황에 있는 경우와 도산의 가능성 등의 위기적 상황에 있는 경우로 답변자의 반응은 어떻게 달라지는 것일까. H의 설문을 보도록 하자.

실은 이 사건의 배경에는 상품 X의 가격하락에 의하여 A국의 회사가 이대로 계약을 이행하면 도산의 가능성이 있다는 사정이 있었습니다.

이를 전제로 당신은 다음의 의견에 관하여 어떻게 생각합니까.

H 도산하여 버리면 계약을 지키는 것은 불가능하므로 A국의 회사가 취한 행동은 부득이하다.

1. 전적으로 그렇다.
2. 그렇다.
3. 어느 쪽이라고 말할 수 없다.
4. 그렇지 않다.
5. 전적으로 그렇지 않다.

제 3 절 계약준수의식의 각국 비교

1. 전체적 경향

본 조사의 조사표의 각 질문에 관하여 분석대상자 전원에 관한 회답평균치를 〈도1〉로 표시하여 보겠다(아울러 이해하기 쉽게 회답치가 높아질수록 계약에 친화적 내지는 계약을 준수하여야 한다는 태도가 되도록 값을 조정하였다[즉 질문 E, F, G에 관하여는 조사표의 회답선택지와 그래프 등에서는 값이 역전되어 있다]).

[도 1] 주질문에 관한 전체의 회답평균치

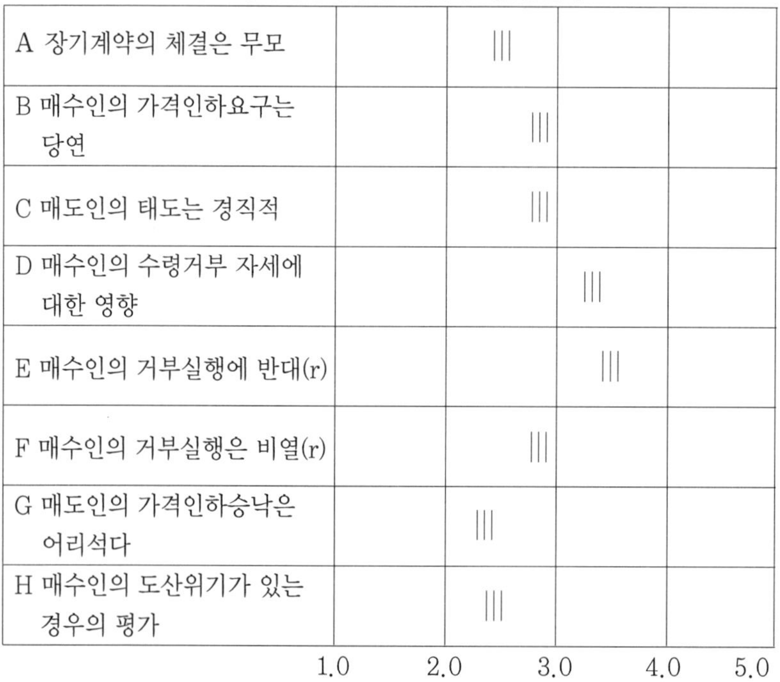

우선 회답의 전체적 경향을 회답치 3.0이 중간치가 되어 있는 것을 염두에 두면서 보도록 하자. 이 스토리를 듣게 되면 회답자는 5년의 장기계약의 체결은 무모하다는 감을 어느 정도 갖는 듯하다(질문 A). 이러한 상황 하에서 매수인은 가격인하의 제안을 하는 것은 다소 부득이 하다는 감을 회답자는 갖고(질문 B), 매도인이 그것을 거절하는 것은 약간 경직되었다는 마음을 다소 갖는 듯하다(질문 C). 그러나 매수인이 상품의 수취를 거부하려고 하거나(질문 D), 그것을 실행하는 것에 관하여는 (질문 E) 부정적이다. 단지, 찬부를 넘어 도의적으로 보아 비열한지의 여부까지 답하게 되면 다소의 유보가 보여 지고, 회답은 중간치가 된다(질문 F). 또한 매도인이 최종적으로 가격인하에 응한 것은 긍정적으로 보고 있다(질문 G). 마지막으로 매수인의 도산의 가능성이 있었던 것이 제시되면, 질문 D, E에서 부정적으로 보여 진 매수인의 행동도 부득이하다고 평가되고 있다.

2. 국별 비교
—— '일본적 계약관' 론, '동양적 계약관' 론의 파탄

다음으로는 나라 별로 비교를 해 보도록 하겠다. 질문 8항목 중 장기계약체결의 시비를 묻는 질문 A는 계약준수의식과 직접 관계되지 않으므로 그것을 제외하고, 〈도2〉에는 각 질문에 관한 전체의 회답평균치와 각국별 회답평균치가 표시되어 있다. 그리고 이

표에서는 각국의 계약준수도에 관한 회답경향이 3그룹으로 나누어지도록 평균으로부터 ±0.15에 ↔로 평균표시를 하였다.

[도2] 계약준수의 국제비교

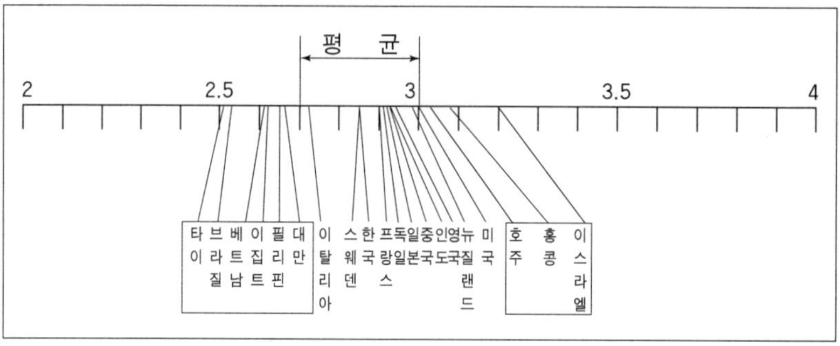

B 매수인의 가격인하 요구는 당연

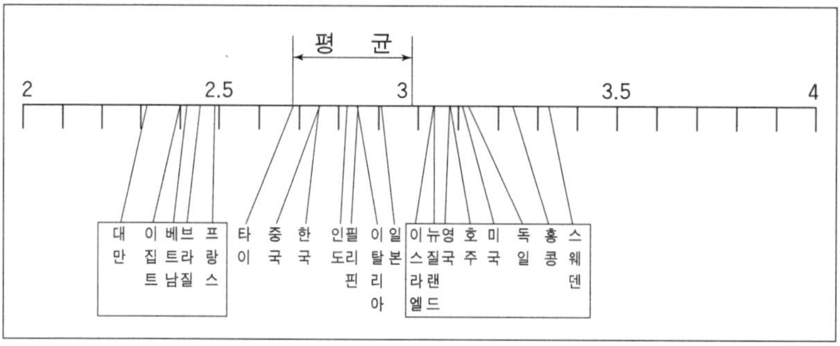

C 매도인의 태도는 경직적

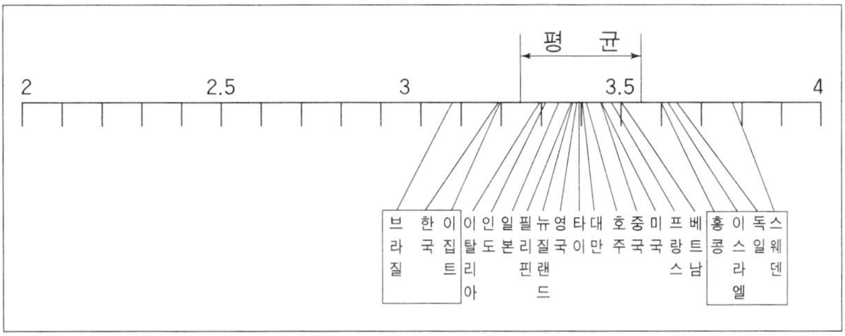

D 매수인의 수령거부 자세에 대한 영향

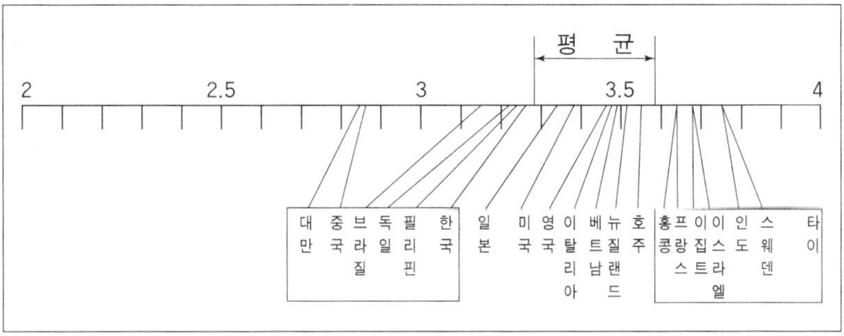

E 매수인의 거부실행에 반대(r)

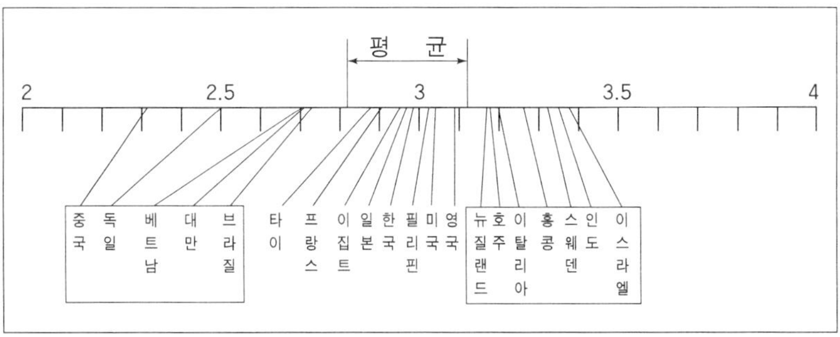

F 매수인의 거부실행은 비열(r)

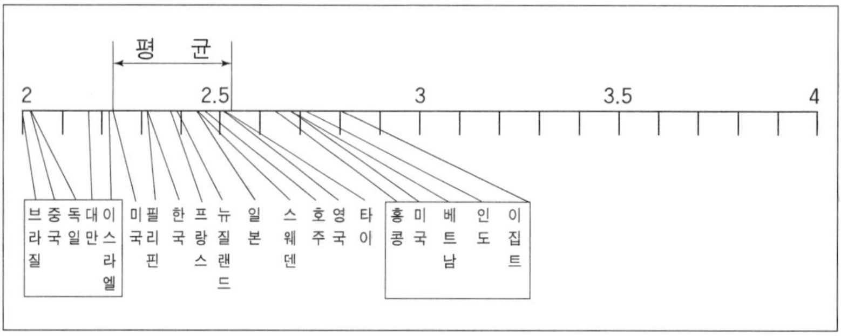

G 매도인의 가격인하 승낙은 어리석다

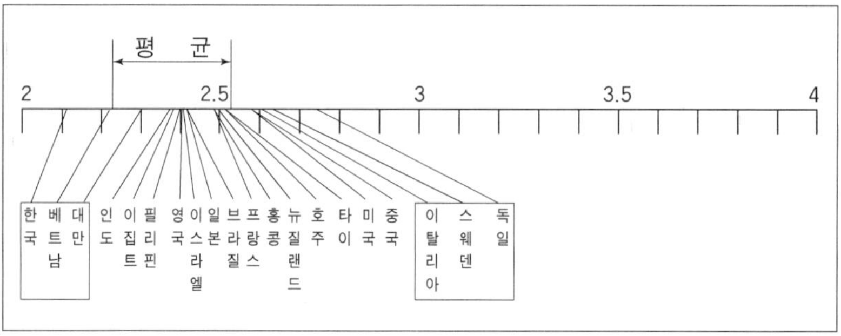

H 매수인의 도산위기가 있는 경우의 평가

우선 〈도2〉를 보고 알 수 있는 것은 일본의 평균회답치는 질문7항목 ── 〈도2〉에서는 생략한 A에 관하여도 일본의 평균치와 세계평균치는 근사하고, 질문 8항목 ──의 전부에서 세계의 평균회답치에 가깝다는 것을 알 수 있다(단, 일본의 데이터는 전체의 유효데이터 중의 16%를 차지하고, 국별로는 최대샘플수가 되어 있는 점에 유의하기 바란다). 세계적으로 보아 일본의 회답은 특이한 점은 없고, 이 조사에서 보는 한 일본인은 계약을 잘 지킨다고도 어긴다고도 말할 수 없음을 알 수 있을 것이다.

일본과 같이 전체 질문항목에 걸쳐서 세계평균치와 근사한 회답치를 보이는 나라는 달리 없지만, 질문항목의 상당수에 걸쳐서 세계평균치에 근사한 회답을 제시하고 있는 나라를 든다면, 미국, 영국이 6질문항목, 프랑스, 뉴질랜드, 필리핀, 타이가 5질문항목에 걸쳐서 세계평균치와 ±0.15의 폭으로 회답평균치가 포함되어 있음을 알 수 있다. 가와시마 테제에서는 대극(對極)이라고 생각되어졌던 미일양국은 —— 중간 그룹 안에서의 다소의 차이는 있다고 하여도 ——어느 쪽도 세계적으로 보면 계약준수도에서는 평균적인 나라에 불과한 것이다.

각각의 질문항목 마다 〈도2〉에서는 세계평균치 ±0.15의 폭을 벗어 난 나라에 관하여는 사각으로 묶어 놓았다. 세계평균치 내지 세계평균에 가까운 일본 등의 나라에서 보아 계약준수도가 높은 나라/지역으로서 일반적으로 들 수 있는 것이 홍콩, 이스라엘, 스웨덴이다. 회답자의 계약준수도의 평균치는 홍콩에서 —— 계약준수도와 관계없는 질문 A를 제외한다 —— 7질문항목 중 6항목, 다른 2개국은 7질문항목 중 5항목에서 세계평균보다도 상당히 높은 수치를 보이고 있다. 반대로 세계평균보다 계약준수도가 낮은 것이 대만과 브라질이다. 이 2개국의 회답평균치는 7질문항목 중 6항목에서 세계평균치보다도 상당히 낮은 수치를 보이고 있다.

가와시마 테제에서는 일본 대 미국 내지 일본 대 서양이라는 도식이 제시되었다. 그러나 일본 대 미국, 일본 대 서양이라는 도식이 성립하지 아니함은 앞서 말한 대로이다. 그렇다면 근대화가 진행된 일본을 제외하고 생각하면 동양 대 서양이라는 도식이 성립하는지 본다면 그것도 미묘하다. 우선 모두 중국인으로 구성된 대만과 홍콩이 계약준수도에 관하여는 대조적인 위치를 차지하고 있다. 이 홍콩조사는 중국반환 이전에 한 것이고 당시의 홍콩은 순수자본주의체제 하에 있었다고 평가해도 좋을 테지만, 같은 자본주의체제 하에 있고 또한 중국인이 거주하고 있는 대만은 계약준수도가 비교적 낮다는 것을 문화론적 시점 내지 동양 대 서양이라는 시점에서 찾는 것은 곤란할 것이다. 또한 스웨덴, 브라질은 역시 대조적인 위치를 차지하고 있다. 지역적, 문화적으로 이스라엘을 동양 서양의 어디에 위치시키는지의 문제에 관하여는 다루지 않지만, 최초에 든 4개국만으로 동양 대 서양이라는 도식이 이미 붕괴되어 있는 것이다.

여기에 든 이외의 동양제국을 보아도 중국, 한국은 〈도2〉에서는 세계평균치에 근사한 회답을 보여준 질문항목이 4항목, 계약준수도가 낮은 회답치를 보여준 것이 3항목으로 전체로서 계약준수도가 약간 낮은 결과로 되어 있다. 나아가 베트남은 평균회답치가 낮은 질문항목이 4항목, 세계평균치에 근사한 질문항목이 2항목, 높은 질문항목이 1항목으로 되어 있다. 그러나 인도에서는 역으로 계약준수도가 높은 평균회답치를 보여주는 질문항목이 3항목, 세계평균치에 근사한 질문항목이 4항목으로 되어 있다. 또한 전술하였듯이 필리핀, 타이는 세계평균에 근사한 회답경향을 보여주고 있다. 이와 같이 아시아 전체가 일정한 경향을 보여준다고는 결코 말할 수 없는 것이다.

이 조사만으로부터 계약의식에 관한 단정적인 결론을 이끄는 것이 위험하다는 것은 물론이다. 그러나 일본이 대개의 항목에서 세계평균치에 가까운 곳에 위치하고 있었다는 것은 일본인이 특히 계약준수의식이 낮다는 제1장에서 소개한 가와시마박사 이래의 명제는 이 조사결과 부정되었다고 말할 수 있을 것이다. 또한 이 조사로부터 보는 한 서양 대 동양이라는 계약의식의 차이는 부각되지 않는다. 나아가 선진국 대 도상국이라는 계약의식의 차이도 이 조사로부터 읽을 수 없다.

결국 미국 대 일본, 또는 일본 대 서양이라는 도식하에서 전통적으로 발해져 온 일본인 내지 동양인이 계약준수도가 낮다는 명제는 '신화' 라는 것이 이 조사로부터는 말할 수 있다고 생각한다.

제 4 절 전공별로 본 계약준수의식

일본조사에서는 일반적으로 경영 · 상학부 학생 쪽이 법학부의 학생보다도 계약준수의식이 높다는 결과가 나왔다[73](후술하듯이 계약준수도와는 관계없는 질문 A를 제외하고 분석하였다). 〈도3〉으로

[도 3] 일본-전공별

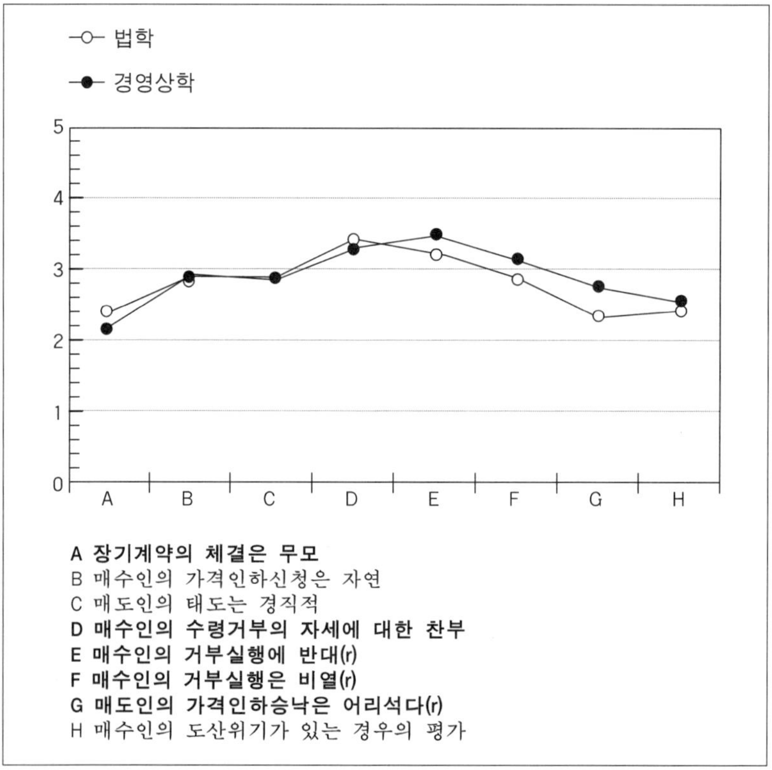

73) 法意識國際比較硏究會, 전게주(71), 57면.

제시한 것이 일본조사의 결과이다(아울러 도에서 고딕체로 표시한 것은 통계적으로 의의가 있는 것을 가리킨다. 또한 8개 있는 질문의 모든 것에 관하여 해석을 용이하게 하기 위하여 큰 수치일수록 계약에 친근적인 태도 또는 준수하여야 한다고 하는 태도가 강하도록 조정하였다. 따라서 질문 E, 질문 F, 질문 G에 관하여는 조사표의 회답선택지와는 그래프 내에서 수치가 역으로 되어 있기 때문에 주의할 필요가 있다[그래프 내에서 질문 레벨에 r을 붙였다]).

국제조사에서도 모든 나라에 걸친 것은 아니지만, 이러한 결과가 나온 나라가 많고 일본 이상으로 이 점이 명료하게 나온 나라도 흔치 않았다. 여기에서도 8개 있는 질문항목 중 A는 계약준수의식과 관계가 없으므로 그것을 제외하고 생각하도록 하자. 많은 나라에서는 7개의 질문항목 거의 다에 관하여 경영 · 상학부 학생 쪽이 계약준수의식이 높다. 그러나 도산문제를 포함시킨 약간 각도를 바꾼 질문 H의 매수인이 도산의 위기에 빠졌기 때문에 계약을 지키지 않은 것은 부득이하다는 설문에 관하여는, 경영 · 상학부 학생이 계약을 지키지 않아도 부득이 하다고 생각하고 계약준수도가 낮게 되는 것에 대하여, 법학부 학생은 경영 · 상학부 학생과 비교하여 계약준수도가 높다는 경향이 일부의 나라에서 보여 진다. 이 질문 H에 관하여만 차이가 없는 또는 역전되어 있지만, A, H 이외의 질문항목에서는 경영 · 상학부 학생 쪽이 계약준수의식이 높은 것이 한국, 대만, 중국, 독일, 뉴질랜드이다. A와 H 이외에 질문항목의 하나에 관하여만 차이가 없는 또는 역전현상이 보여 지는 나라로서 이스라엘(G에서 역전), 스웨덴(D에서 역전), 미국(C에서 역전)이 있고, 일본도 D에서 역전하고 있는 것 이외에는 경영 · 상학부 학생 쪽이 계약준수의식이 높다(단, C는 근소한 차이). 이 중의 몇 개의 나라를 〈도4 - 도9〉로 표시하여 보자(아울러 한국의 구체적인 데이터에 관하여는 이 책 말미의 부록 [속성변수별로 본 한국의 회답경향] 참조).

[도 4] 한국–전공별

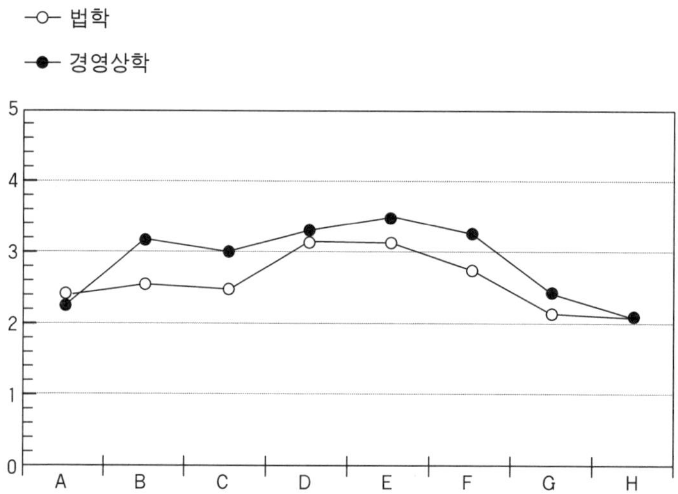

A 장기계약의 체결은 무모
B 매수인의 가격인하신청은 자연
C 매도인의 태도는 경직적
D 매수인의 수령거부의 자세에 대한 찬부
E 매수인의 거부실행에 반대(r)
F 매수인의 거부실행은 비열(r)
G 매도인의 가격인하승낙은 어리석다(r)
H 매수인의 도산위기가 있는 경우의 평가

[도 5] 중국-전공별

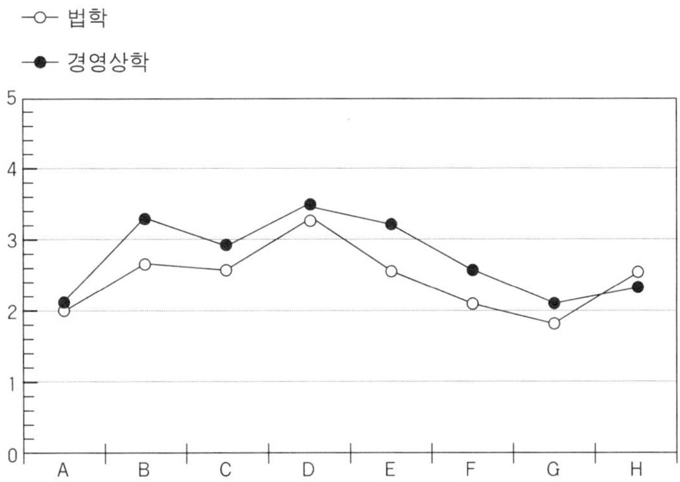

A 장기계약의 체결은 무모
B 매수인의 가격인하신청은 자연
C 매도인의 태도는 경직적
D 매수인의 수령거부의 자세에 대한 찬부
E 매수인의 거부실행에 반대(r)
F 매수인의 거부실행은 비열(r)
G 매도인의 가격인하승낙은 어리석다(r)
H 매수인의 도산위기가 있는 경우의 평가

[도 6] 스웨덴-전공별

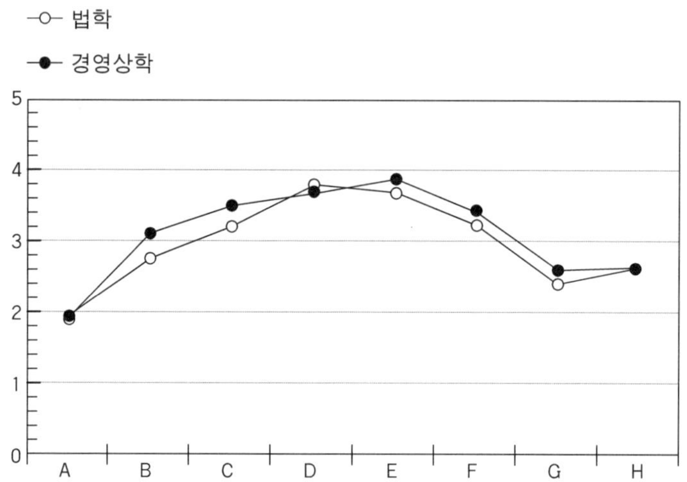

A 장기계약의 체결은 무모
B 매수인의 가격인하신청은 자연
C 매도인의 태도는 경직적
D 매수인의 수령거부의 자세에 대한 찬부
E 매수인의 거부실행에 반대(r)
F 매수인의 거부실행은 비열(r)
G 매도인의 가격인하승낙은 어리석다(r)
H 매수인의 도산위기가 있는 경우의 평가

[도 7] 독일-전공별

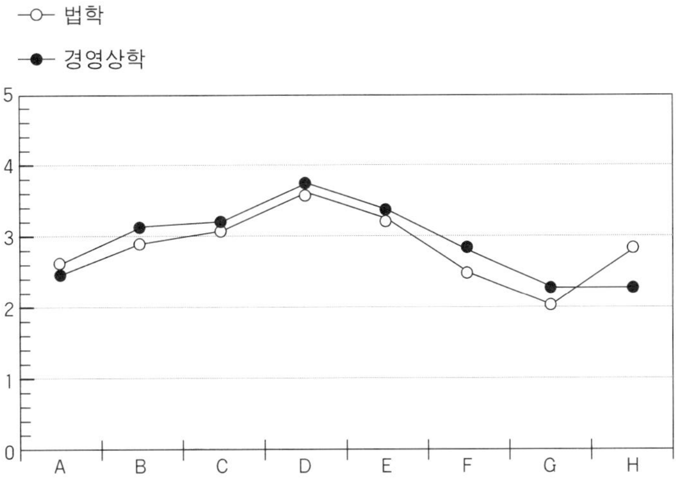

A 장기계약의 체결은 무모
B 매수인의 가격인하신청은 자연
C 매도인의 태도는 경직적
D 매수인의 수령거부의 자세에 대한 찬부
E 매수인의 거부실행에 반대(r)
F 매수인의 거부실행은 비열(r)
G 매도인의 가격인하승낙은 어리석다(r)
H 매수인의 도산위기가 있는 경우의 평가

[도 8] 미국-전공별

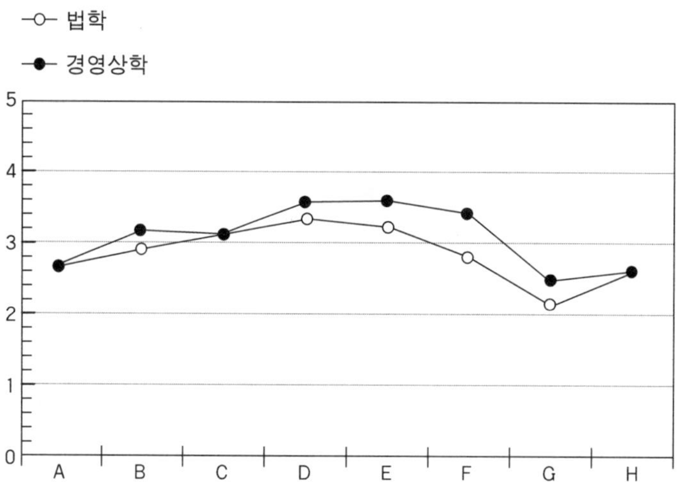

A 장기계약의 체결은 무모
B 매수인의 가격인하신청은 자연
C 매도인의 태도는 경직적
D 매수인의 수령거부의 자세에 대한 찬부
E 매수인의 거부실행에 반대(r)
F 매수인의 거부실행은 비열(r)
G 매도인의 가격인하승낙은 어리석다(r)
H 매수인의 도산위기가 있는 경우의 평가

[도 9] 뉴질랜드-전공별

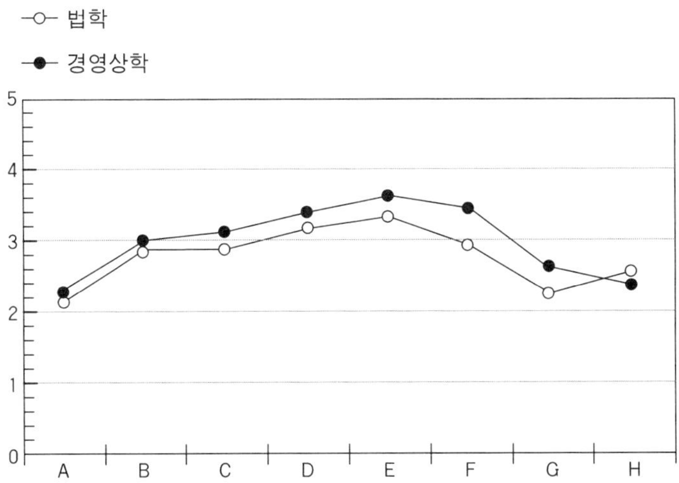

A 장기계약의 체결은 무모
B 매수인의 가격인하신청은 자연
C 매도인의 태도는 경직적
D 매수인의 수령거부의 자세에 대한 찬부
E 매수인의 거부실행에 반대(r)
F 매수인의 거부실행은 비열(r)
G 매도인의 가격인하승낙은 어리석다(r)
H 매수인의 도산위기가 있는 경우의 평가

단지, 이 경향이 그다지 현저하다고는 할 수 없는 나라/지역으로서 홍콩, 인도, 프랑스, 영국, 호주 등이 있다. 〈도10〉으로 영국의 예를 표시하여 둔다.

[도 10] 영국-전공별

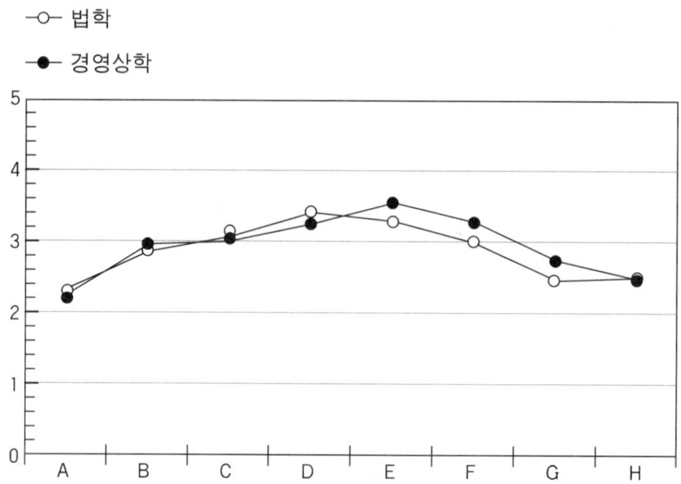

A 장기계약의 체결은 무모
B 매수인의 가격인하신청은 자연
C 매도인의 태도는 경직적
D 매수인의 수령거부의 자세에 대한 찬부
E 매수인의 거부실행에 반대(r)
F 매수인의 거부실행은 비열(r)
G 매도인의 가격인하승낙은 어리석다(r)
H 매수인의 도산위기가 있는 경우의 평가

나아가 경영 · 상학부 학생이 법학부 학생보다도 계약준수의식이 높다는 세계적 경향의 유일한 예외가 된 것이 〈도11〉에 표시한 타이였다. 여기에서는 오히려 법학부 학생이 계약준수의식이 높아지고 있다.

[도 11] 타이-전공별

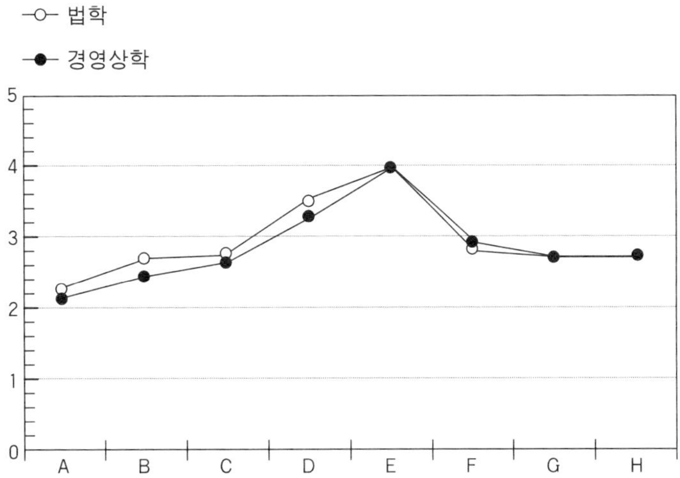

A 장기계약의 체결은 무모
B 매수인의 가격인하신청은 자연
C 매도인의 태도는 경직적
D 매수인의 수령거부의 자세에 대한 찬부
E 매수인의 거부실행에 반대(r)
F 매수인의 거부실행은 비열(r)
G 매도인의 가격인하승낙은 어리석다(r)
H 매수인의 도산위기가 있는 경우의 평가

타이와 같이 반대의 경향을 보여주는 나라도 있기 때문에 이 점의 해석은 신중히 할 필요가 있고, 해석으로서는 여러 가지가 성립할 수 있을 것이다. 연구회에서도 해석은 사람에 따라서 다르지만, 편저자인 가또 개인은 다음과 같이 해석하고 있다.

법은 분쟁해결에 쓰여 지는 것이고, 재판 등에서 자신에게 불리한 판결을 받은 당사자도 그 결과에 따르게 할 필요가 있다. 그 때문에 한편에서 판결이유 등의 법률론에 의하여 이성적인 설득을 전개하는 한편, 다른 한편에서 법정에 장엄한 분위기를 도입하고 법복이나 나라에 따라 가발 등을 이용하여 의식성을 높임으로서 심리적으로 납득시킬 기술을 쓰는 것은 정도의 차가 있지만 어느 나라에서도 볼 수 있는 것이다. 사형 등 자신에게 엄격한 판결의 결론은 장중한 절차에 따라서 엄숙하게 선고되어도 쉽게 납득할 수 없는 것이고, 친구와 같은 분위기에서 법관으로부터 사형 등을 선고받아도 아무리 해도 심리적으로 납득할 수 없는 측면이 있다.

설사 그것이 비합리적이라도 장중한 절차나 의식성에 의하여 재판이나 법을 물신화(物神化)하여 가는 것은 필요가 초래한 인류의 일종의 '지혜' 일 것이다. 그러나 이러한 기술은 법이나 재판의 내부에 정통한 자에게는 통용도가 낮아진다. 그 결과 법률을 배움으로서 법이나 재판의 물신성이 엷어지고 법이나 계약의 준수도가 절대적 준수로부터 비용 대 효과를 생각한 상대적인 것으로 옮겨가는 측면이 있는 것이 아닐까.

또한 상기와 같은 설득, 납득의 필요성으로부터 세상 속에는 일반적으로 법이 엄격한 존재이고 법적 논리가 불변이기 때문에 법적 결론은 융통이 없는 반면, 신뢰할 수 있다는 이미지가 존재하는 것같이 생각된다. 그러나 법학교육을 받음으로서 이러한 이미지는 점차 무너지고 법을 배운자는 법적 사고가 갖는 유연성을 의식하게 된다. 또한 법에 익숙한 자에게 있어서는 법은 자신의 행동을 규율하는 벽인 동시에, 법은 원격조종, 즉 조작의 대상이기도 하고 이 점은 계약도 같을 것이다. 이 점에서 계약의 '벽' 으로서의 존재 측면만을 의식하는 다른 학부생과 비교하여 법학부생은 계약의 준수의식이 낮아진다는 경향을 보이는 것이 아닐까.

제 5 절 법학과목 이수의 정도와 계약준수의식

일본조사에서는, 법학부학생은 〈도12〉에서 보듯이 법학과목을 다수 배우면 계약준수의식이 낮아진다는 경향이 있다(여기서도 질

[도 12] 일본-법학생 사법이수 정도별

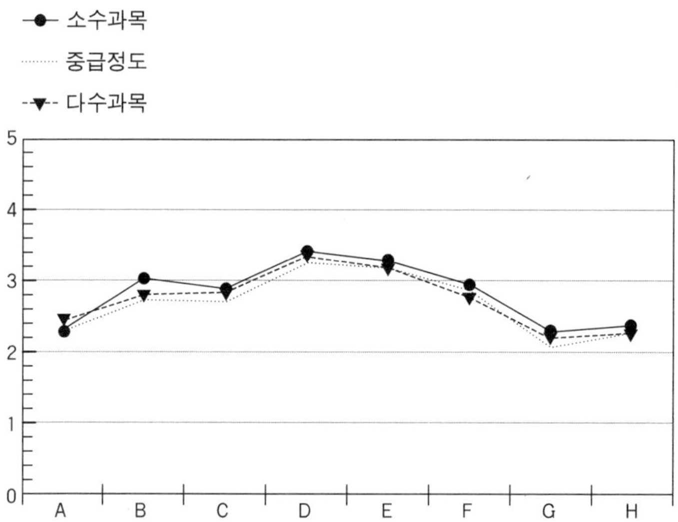

A 장기계약의 체결은 무모
B 매수인의 가격인하신청은 자연
C 매도인의 태도는 경직적
D 매수인의 수령거부의 자세에 대한 찬부
E 매수인의 거부실행에 반대(r)
F 매수인의 거부실행은 비열(r)
G 매도인의 가격인하승낙은 어리석다(r)
H 매수인의 도산위기가 있는 경우의 평가

문 A는 제외하고 생각하기 바란다). 또한 경영 · 상학부학생에 관하여도 그다지 현저하지는 않지만 〈도13〉에서 보듯이 법학이수 경험이 없는 쪽이 계약준수의식이 높은 것이 아닌가라는 경향을 볼 수 있다(차이의 검정은 '일원배치분산분석' 에 의해 하고 그 결과 3그룹 사이에서 의의가 있었던 것을 고딕체로 표시하였다).

[도 13] 일본-상학생 사법이수 유무별

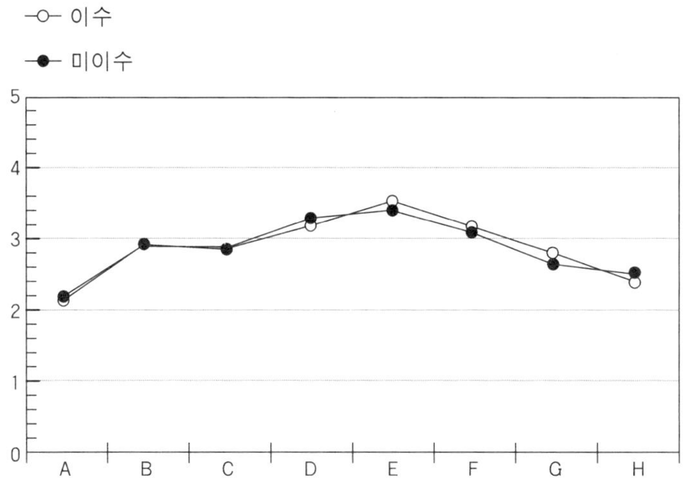

A 장기계약의 체결은 무모
B 매수인의 가격인하신청은 자연
C 매도인의 태도는 경직적
D 매수인의 수령거부의 자세에 대한 찬부
E 매수인의 거부실행에 반대(r)
F 매수인의 거부실행은 비열(r)
G 매도인의 가격인하승낙은 어리석다(r)
H 매수인의 도산위기가 있는 경우의 평가

제 외국의 조사에서는, 이러한 경향은 독일의 법학부(〈도14〉) 이외에도 베트남 법학부, 이집트 경영 · 상학부, 스웨덴 경제학부(〈도15〉), 브라질 법학부, 뉴질랜드 경영 · 상학부 등, 일부의 나라에서는 보여 지지만, 많은 나라에서는 반드시 이러한 경향이 보여 지는 것이 아니다.

그러나 반대로 스웨덴의 법학부(〈도16〉)에서는, 법률을 배울수록 계약에 대한 친화성이 높아진다는 경향을 엿볼 수 있다.

이 문제는 제4절에서 말한 것과 내용적으로 관련되는데, 제 외국의 조사로부터는 일본조사만큼 명확한 경향을 읽을 수 있는 것은 아니다.

[도 14] 독일-법과대학생 사법이수 정도별

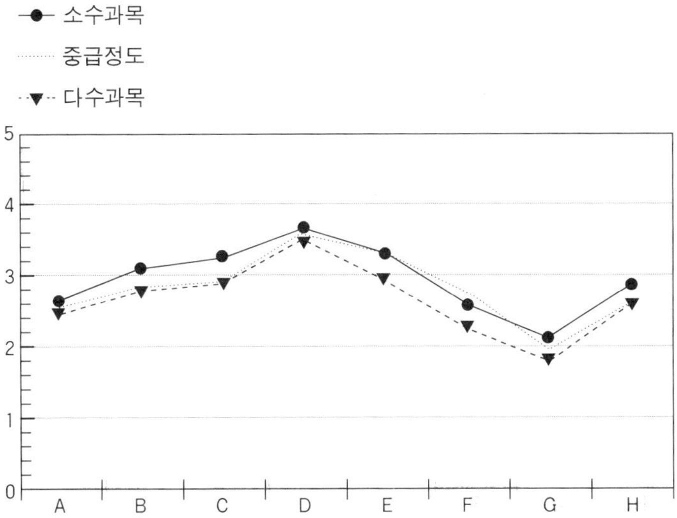

A 장기계약의 체결은 무모
B 매수인의 가격인하신청은 자연
C 매도인의 태도는 경직적
D 매수인의 수령거부의 자세에 대한 찬부
E 매수인의 거부실행에 반대(r)
F 매수인의 거부실행은 비열(r)
G 매도인의 가격인하승낙은 어리석다(r)
H 매수인의 도산위기가 있는 경우의 평가

[도 15] 스웨덴-경제학생 사법이수 유무별

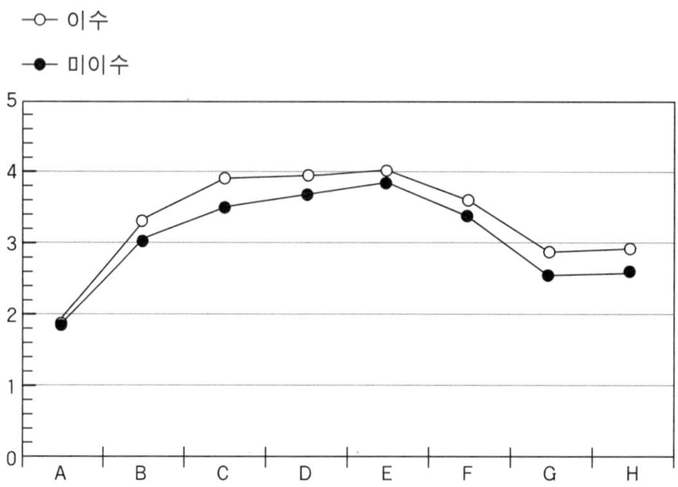

A 장기계약의 체결은 무모
B 매수인의 가격인하신청은 자연
C 매도인의 태도는 경직적
D 매수인의 수령거부의 자세에 대한 찬부
E 매수인의 거부실행에 반대(r)
F 매수인의 거부실행은 비열(r)
G 매도인의 가격인하승낙은 어리석다(r)
H 매수인의 도산위기가 있는 경우의 평가

[도 16] 스웨덴-법학생 사법이수 정도별

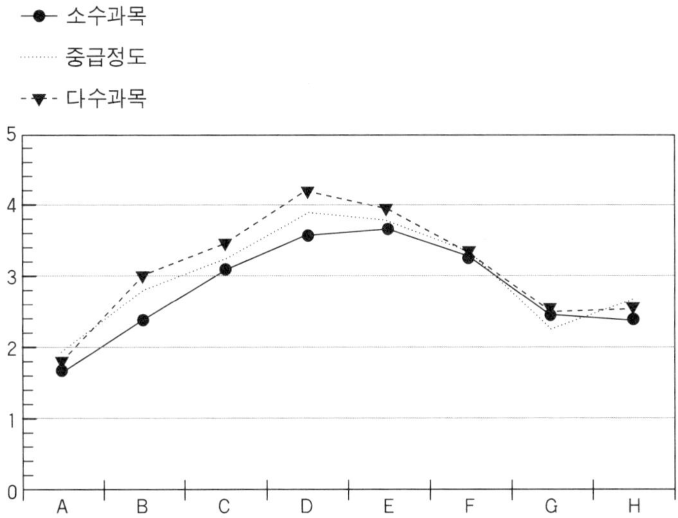

A 장기계약의 체결은 무모
B 매수인의 가격인하신청은 자연
C 매도인의 태도는 경직적
D 매수인의 수령거부의 자세에 대한 찬부
E 매수인의 거부실행에 반대(r)
F 매수인의 거부실행은 비열(r)
G 매도인의 가격인하승낙은 어리석다(r)
H 매수인의 도산위기가 있는 경우의 평가

제6절 계약준수도의 남녀차

일본조사에서는 계약의식의 남녀차가 상당히 확실히 나왔다. 〈도17〉을 보면 알 수 있듯이 회답 패턴은 남녀 모두 거의 평행하지만, 계약준수의식은 남성 쪽이 높고, 게다가 모든 질문항목에 관하여 그 차이는 통계적으로 의의가 있다.[74)]

그러나 세계적으로 본다면 남녀차가 보이지 않는 나라도 있고, 이렇게까지 명확하게 남녀차가 나오는 나라가 많다는 것은 아니다.

일본과 같이 남성 쪽이 여성보다 계약준수도가 높은 것이 모든 질문항목에 걸쳐서 나타난 것은, 〈도18〉에 제시한 독일만이다. 또한 일부에 역전항목은 있지만, 많은 질문항목에 관하여 남성의 계약준수도가 높은 것이, 한국(G, H가 예외 — 이하 같다), 중국(B), 홍콩(A), 필리핀(B, H), 베트남(H), 타이(E), 인도(G), 이스라엘(H), 영국(G), 미국(G), 뉴질랜드(H), 호주(H)이다. 〈도19〉~〈도22〉에서 몇 개 나라의 그래프를 제시해 두겠다.

---

74) 法意識國際比較硏究會, 전게주(71), 57면.

[도 17] 일본-남녀별

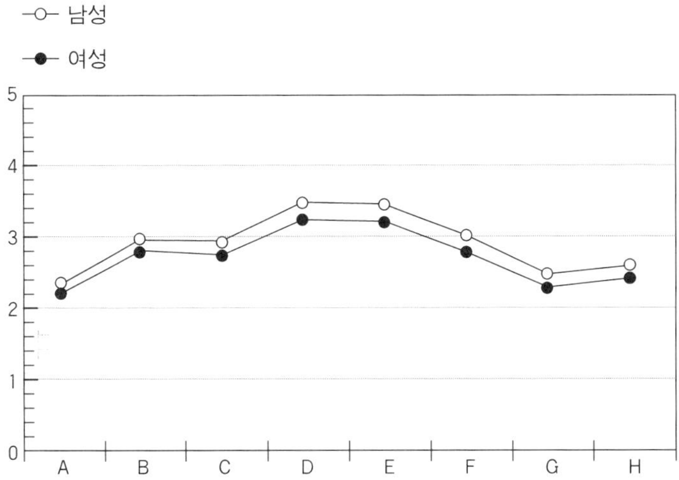

A 장기계약의 체결은 무모
B 매수인의 가격인하신청은 자연
C 매도인의 태도는 경직적
D 매수인의 수령거부의 자세에 대한 찬부
E 매수인의 거부실행에 반대(r)
F 매수인의 거부실행은 비열(r)
G 매도인의 가격인하승낙은 어리석다(r)
H 매수인의 도산위기가 있는 경우의 평가

[도 18] 독일-남녀별

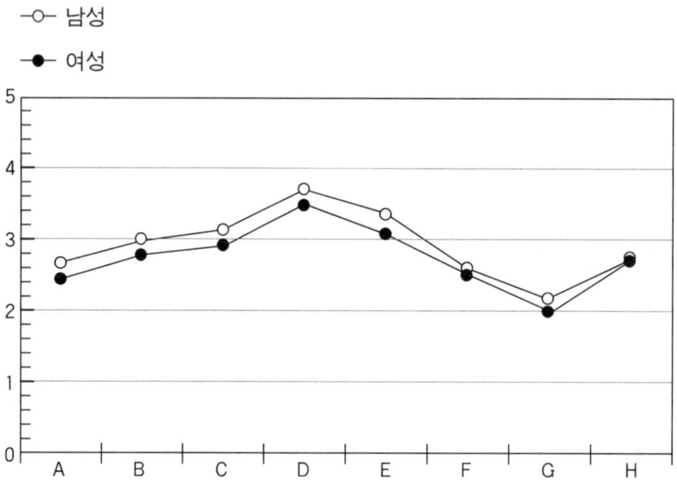

A 장기계약의 체결은 무모
B 매수인의 가격인하신청은 자연
C 매도인의 태도는 경직적
D 매수인의 수령거부의 자세에 대한 찬부
E 매수인의 거부실행에 반대(r)
F 매수인의 거부실행은 비열(r)
G 매도인의 가격인하승낙은 어리석다(r)
H 매수인의 도산위기가 있는 경우의 평가

[도 19] 홍콩-남녀별

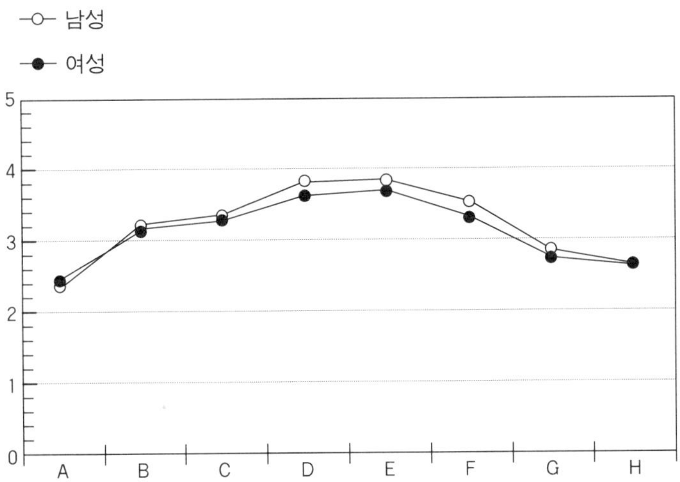

A 장기계약의 체결은 무모
B 매수인의 가격인하신청은 자연
C 매도인의 태도는 경직적
D 매수인의 수령거부의 자세에 대한 찬부
E 매수인의 거부실행에 반대(r)
F 매수인의 거부실행은 비열(r)
G 매도인의 가격인하승낙은 어리석다(r)
H 매수인의 도산위기가 있는 경우의 평가

[도 20] 베트남-남녀별

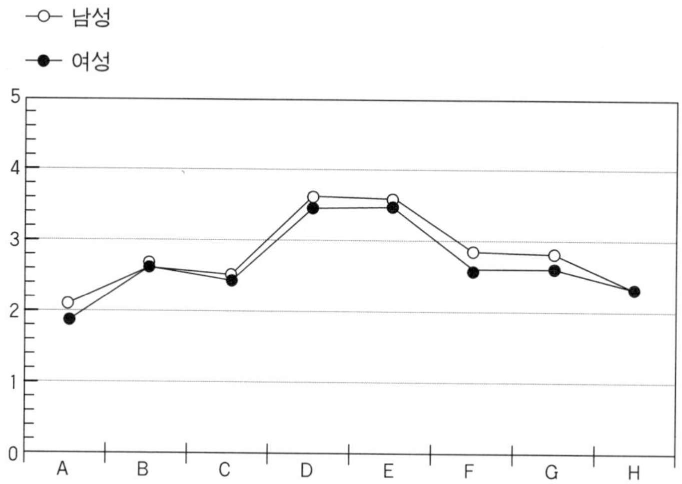

A 장기계약의 체결은 무모
B 매수인의 가격인하신청은 자연
C 매도인의 태도는 경직적
D 매수인의 수령거부의 자세에 대한 찬부
E 매수인의 거부실행에 반대(r)
F 매수인의 거부실행은 비열(r)
G 매도인의 가격인하승낙은 어리석다(r)
H 매수인의 도산위기가 있는 경우의 평가

[도 21] 영국-남녀별

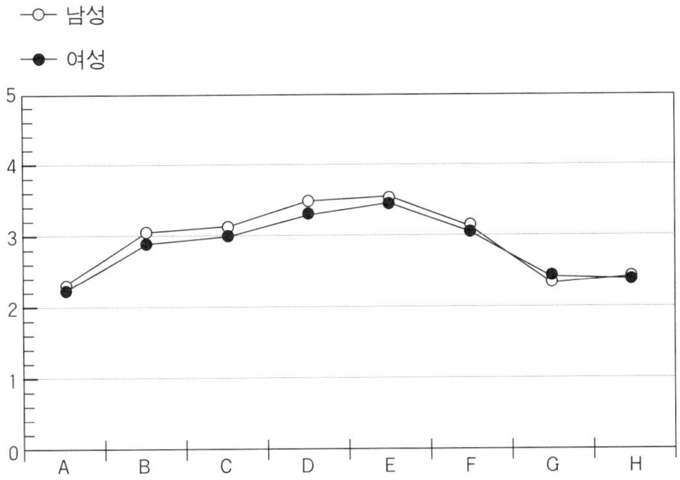

A 장기계약의 체결은 무모
B 매수인의 가격인하신청은 자연
C 매도인의 태도는 경직적
D 매수인의 수령거부의 자세에 대한 찬부
E 매수인의 거부실행에 반대(r)
F 매수인의 거부실행은 비열(r)
G 매도인의 가격인하승낙은 어리석다(r)
H 매수인의 도산위기가 있는 경우의 평가

[도 22] 미국-남녀별

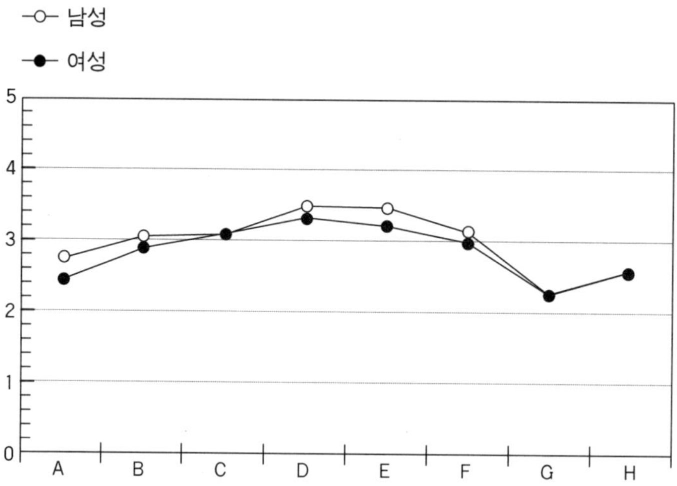

A 장기계약의 체결은 무모
B 매수인의 가격인하신청은 자연
C 매도인의 태도는 경직적
D 매수인의 수령거부의 자세에 대한 찬부
E 매수인의 거부실행에 반대(r)
F 매수인의 거부실행은 비열(r)
G 매도인의 가격인하승낙은 어리석다(r)
H 매수인의 도산위기가 있는 경우의 평가

이에 대하여 남녀 간에 회답경향이 통계적으로 의의가 있는 차이를 보이는 질문항목이 없는 또는 적은 동일 패턴을 보이는 것이 대만, 프랑스이다(아울러 대비를 위하여 의의가 있는 차이를 보이는 질문항목이 2개인 중국의 그래프도 여기에 제시하였다). 이상을 나타내는 것이〈도23〉~〈도25〉이다.

[도 23] 대만-남녀별

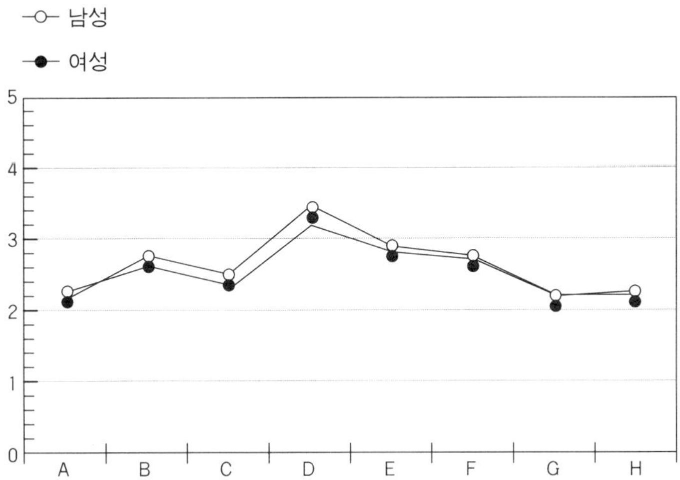

A 장기계약의 체결은 무모
B 매수인의 가격인하신청은 자연
C 매도인의 태도는 경직적
D 매수인의 수령거부의 자세에 대한 찬부
E 매수인의 거부실행에 반대(r)
F 매수인의 거부실행은 비열(r)
G 매도인의 가격인하승낙은 어리석다(r)
H 매수인의 도산위기가 있는 경우의 평가

[도 24] 중국-남녀별

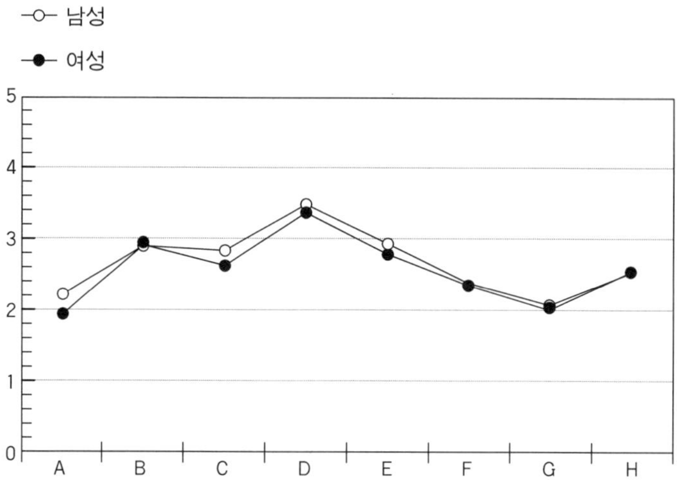

A 장기계약의 체결은 무모
B 매수인의 가격인하신청은 자연
C 매도인의 태도는 경직적
D 매수인의 수령거부의 자세에 대한 찬부
E 매수인의 거부실행에 반대(r)
F 매수인의 거부실행은 비열(r)
G 매도인의 가격인하승낙은 어리석다(r)
H 매수인의 도산위기가 있는 경우의 평가

[도 25] 프랑스-남녀별

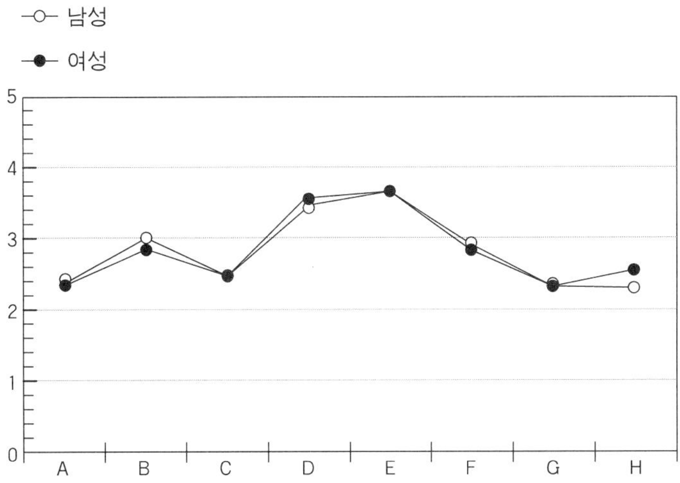

A 장기계약의 체결은 무모
B 매수인의 가격인하신청은 자연
C 매도인의 태도는 경직적
D 매수인의 수령거부의 자세에 대한 찬부
E 매수인의 거부실행에 반대(r)
F 매수인의 거부실행은 비열(r)
G 매도인의 가격인하승낙은 어리석다(r)
H 매수인의 도산위기가 있는 경우의 평가

이 조사만으로 안이한 결론을 도출하여서는 안 되지만, 계약준수에 관한 한, 남녀가 거의 동일 감각을 갖는 대만, 프랑스 형태의 사회와, 남녀차가 명확한 일본, 독일 형태의 사회가 있고, 비교적 많은 나라에서는 남성의 계약준수도가 여성을 상회하는 경향이 보여 진다고 말할 수 있을 것이다.

일반적으로 도덕적 판단의 형성에 있어서, '상황', '현실' 이 갖는 의미는 남성과 여성의 사이에 차이가 있고, 여성 쪽이 문맥상대주의적[75]이라고 말해지는 것과 관계될지도 모르지만, 나라에 의하여 패턴이 달라지는 것도 있고, 결론은 유보하고 싶다. 단, 여기서도 서양 대 동양, 선직국 대 도상국이라는 것과 같은 도식은 찾을 수 없는 점에 유의하기 바란다.

---

75) 山岸明子, 道徳性の發達に關する實証的 理論的研究, (風間書房, 1995년)211면, 227면, 232면 이하; キャロル キリガン(岩男壽美子監譯, 生田久美子 並木美智子共譯), もうひとつの聲 男女の道德觀のちがいと女性のアイデンティティ, (川島書店, 1986년)47면, 167면.

제 7 절 동포의식과 계약의식

매수인의 계약비준수 행동에 대한 평가가 자국기업이 외국기업에 대하여 한 경우와, 외국기업이 자국기업에 대하여 한 경우에 있어서 차이가 있는지의 여부, 이것을 보는 것으로 그 국민의 대외적인 공정성을 판단하는 것이 가능하다. 이러한 관점에서 우선 어느 나라에서 어느 나라를 거래상대로 하는 조사가 행하여졌는지를 〈표2〉로 제시해 두겠다.

일본인학생은 이 점 극히 공평하고, 〈도26〉에서 보듯이 배외(排外)적인 요소는 거의 찾을 수 없다.[76)]

이러한 공정성을 유지하고 있는 나라로서는 이스라엘, 스웨덴, 독일, 프랑스가 있다. 이스라엘의 예를 〈도27〉에, 독일의 예를 〈도28〉에 제시하였다.

76) 일본조사에서는 대중거래, 대한거래에서는 중국기업이나 한국기업에 대해서보다 일본기업에 대해서의 반응이 엄격하다는 자학적 경향마저도 일부에서 찾을 수 있었다. 자세히는, 法意識國際比較硏究會, 전게주(71), 60면 이하 참조.

〈표 2〉 조사국/지역과 조사표 버전(조사국이…대 상대국)의 크로스 표

	조사표버전(조사국이…대 상대국)																		합계
	*1	*2	*3	*4	*5	*6	*7	*8	*9	*10	*11	*12	*13	*14	*15	*16	*17	*18	
일본	0	0	157	162	177	175	178	166	183	169	165	160	169	172	167	169	166	164	2699
한국	245	251	238	242	0	0	238	240	0	0	0	0	0	0	0	0	0	0	1454
대만	165	170	168	162	0	0	179	178	0	0	0	0	0	0	0	0	0	0	1012
중국	105	109	109	108	124	103	126	114	0	0	0	0	0	0	0	0	0	0	898
홍콩	152	147	0	140	67	73	0	0	0	0	0	0	0	0	0	0	0	0	579
필리핀	136	138	127	134	0	0	0	0	0	0	0	0	0	0	0	0	0	0	535
베트남	117	116	117	117	0	0	0	0	0	0	0	0	0	0	0	0	0	0	467
타이	182	179	194	178	182	195	0	0	0	0	0	0	0	0	0	0	0	0	1110
인도	173	168	176	174	172	177	0	0	0	0	0	0	0	0	0	0	0	0	1040
이스라엘	131	127	117	118	116	117	0	0	0	0	0	0	0	0	0	0	0	0	726
이집트	93	98	97	98	101	106	0	0	0	0	0	0	0	0	0	0	0	0	593
이탈리아	47	49	48	44	44	41	0	0	0	0	0	0	0	0	0	0	0	0	273
스웨덴	104	105	95	106	111	112	0	0	0	0	0	0	0	0	0	0	0	0	633
독일	87	118	149	124	94	164	0	0	0	0	0	0	0	0	0	0	0	0	736
프랑스	210	121	112	138	0	0	0	0	0	0	0	0	0	0	0	0	0	0	581
영국	161	162	198	154	156	151	0	0	0	0	0	0	0	0	0	0	0	0	982
스페인	11	12	10	10	9	7	0	0	0	0	0	0	0	0	0	0	0	0	59
미국	207	134	129	150	0	0	141	125	0	0	0	0	0	0	0	0	0	0	886
멕시코	14	13	22	20	10	10	0	0	0	0	0	0	0	0	0	0	0	0	89
브라질	65	64	58	58	60	61	0	0	0	0	0	0	0	0	0	0	0	0	366
뉴질랜드	55	64	60	59	63	45	0	0	0	0	0	0	0	0	0	0	0	0	346
호주	142	133	146	144	142	137	0	0	0	0	0	0	0	0	0	0	0	0	844
합계	2602	2478	2527	2640	1628	1674	862	813	183	169	165	160	169	172	167	169	166	164	16908

*1 매도인 대일, *2 매수인 대일, *3 국내거래, *4 익명국, *5 매수인 대미,
*6 매도인 대미, *7 매수인 대호, *8 매도인 대호, *9 매수인 대영,
*10 매도인 대영, *11 매수인 대불, *12 매도인 대불, *13 매수인 대독,
*14 매도인 대독, *15 매수인 대중, *16 매도인 대중,
*17 매수인 대한, *18 매도인 대한

[도 26] 일본-자국매수인과 자국매도인 버전별

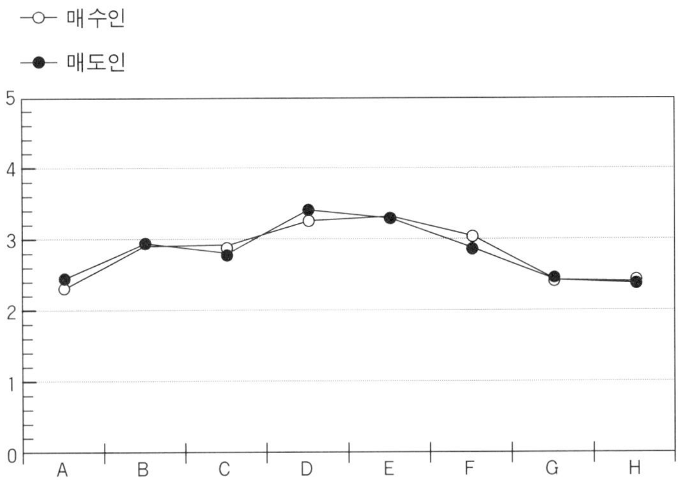

A 장기계약의 체결은 무모
B 매수인의 가격인하신청은 자연
C 매도인의 태도는 경직적
D 매수인의 수령거부의 자세에 대한 찬부
E 매수인의 거부실행에 반대(r)
F 매수인의 거부실행은 비열(r)
G 매도인의 가격인하승낙은 어리석다(r)
H 매수인의 도산위기가 있는 경우의 평가

[도 27] 이스라엘-자국매수인과 자국매도인 버전별

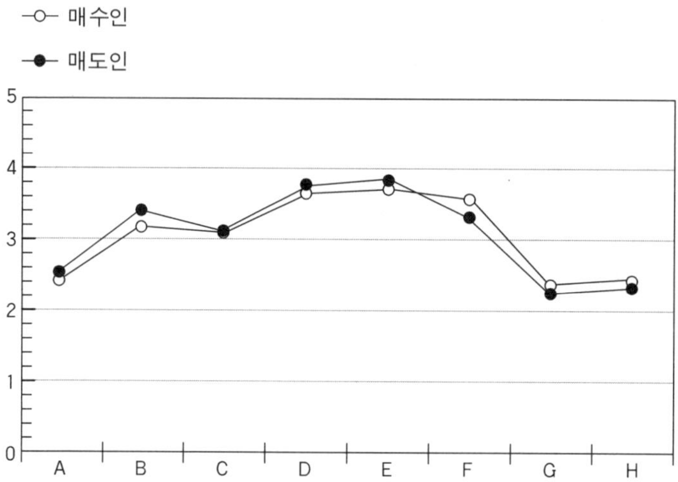

A 장기계약의 체결은 무모
B 매수인의 가격인하신청은 자연
C 매도인의 태도는 경직적
D 매수인의 수령거부의 자세에 대한 찬부
E 매수인의 거부실행에 반대(r)
F 매수인의 거부실행은 비열(r)
G 매도인의 가격인하승낙은 어리석다(r)
H 매수인의 도산위기가 있는 경우의 평가

[도 28] 독일-자국매수인과 자국매도인 버전별

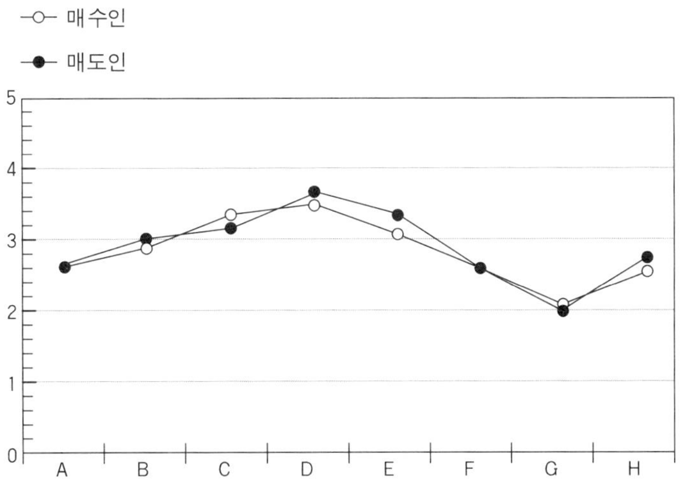

A 장기계약의 체결은 무모
B 매수인의 가격인하신청은 자연
C 매도인의 태도는 경직적
D 매수인의 수령거부의 자세에 대한 찬부
E 매수인의 거부실행에 반대(r)
F 매수인의 거부실행은 비열(r)
G 매도인의 가격인하승낙은 어리석다(r)
H 매수인의 도산위기가 있는 경우의 평가

그러나 반대로 자국 옹호가 심하고 모든 질문항목에 걸쳐서 자국 옹호라는 경향을 보이는 나라도 적지 아니하다. 예를 들면 한국, 필리핀, 또한 이집트, 영국 등은 그 예이다. 이들의 일부를 〈도29〉~〈도31〉로 제시하겠다. 대일거래 버전에 관하여는 다음 절에서 검토하듯이 반일감정의 영향도 있을 수 있는 바이지만, 한국의 예를 든다면 한국인이 별도로 반감을 갖고 있지 않을 것으로 생각되는 호주와의 거래에 관하여도 이러한 경향이 보여 지는 것으로, 자국 옹호와의 관점에서 이해하여야 할 것이다.

[도 29] 한국-자국매수인과 자국매도인 버전별

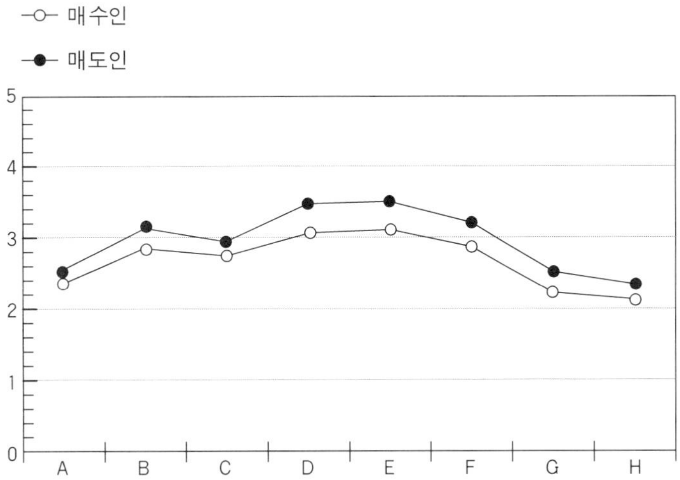

A 장기계약의 체결은 무모
B 매수인의 가격인하신청은 자연
C 매도인의 태도는 경직적
D 매수인의 수령거부의 자세에 대한 찬부
E 매수인의 거부실행에 반대(r)
F 매수인의 거부실행은 비열(r)
G 매도인의 가격인하승낙은 어리석다(r)
H 매수인의 도산위기가 있는 경우의 평가

[도 30] 필리핀-자국매수인과 자국매도인 버전별

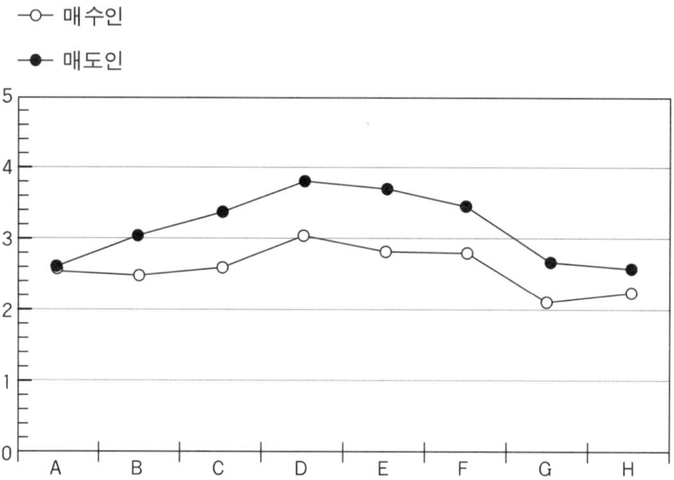

A 장기계약의 체결은 무모
B 매수인의 가격인하신청은 자연
C 매도인의 태도는 경직적
D 매수인의 수령거부의 자세에 대한 찬부
E 매수인의 거부실행에 반대(r)
F 매수인의 거부실행은 비열(r)
G 매도인의 가격인하승낙은 어리석다(r)
H 매수인의 도산위기가 있는 경우의 평가

[도 31] 영국-자국매수인과 자국매도인 버전별

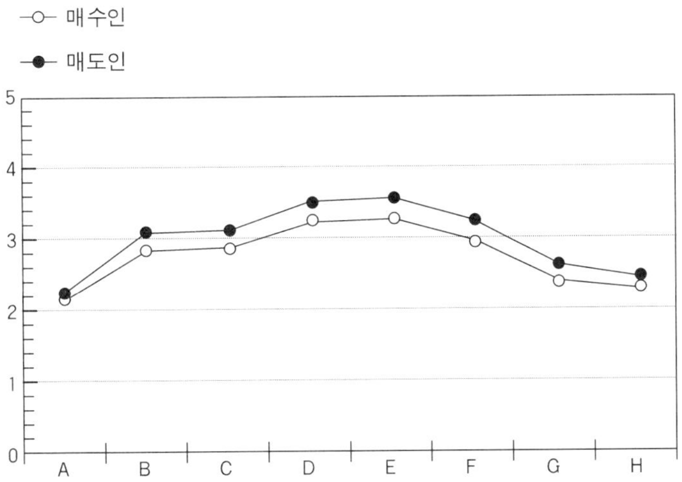

A 장기계약의 체결은 무모
B 매수인의 가격인하신청은 자연
C 매도인의 태도는 경직적
D 매수인의 수령거부의 자세에 대한 찬부
E 매수인의 거부실행에 반대(r)
F 매수인의 거부실행은 비열(r)
G 매도인의 가격인하승낙은 어리석다(r)
H 매수인의 도산위기가 있는 경우의 평가

이 이외에 자국 옹호의 요소가 상당히 보여 지는 나라로서는, 대만, 중국, 홍콩, 베트남. 타이, 인도, 이탈리아, 브라질, 뉴질랜드, 호주가 있다. 대략 발전도상국과 구영연방제국이 자국 옹호의 요소가 강하다고 말할 수 있을 것이다. 〈도32〉에 중국의 예를 제시해 두겠다. 이 중간에 약간 자국 옹호라 할 수 있는 나라도 있고, 〈도33〉에 제시한 미국이 거기에 해당한다. 이에 관하여는 다음에 논하겠다.

[도 32] 중국-자국매수인과 자국매도인 버전별

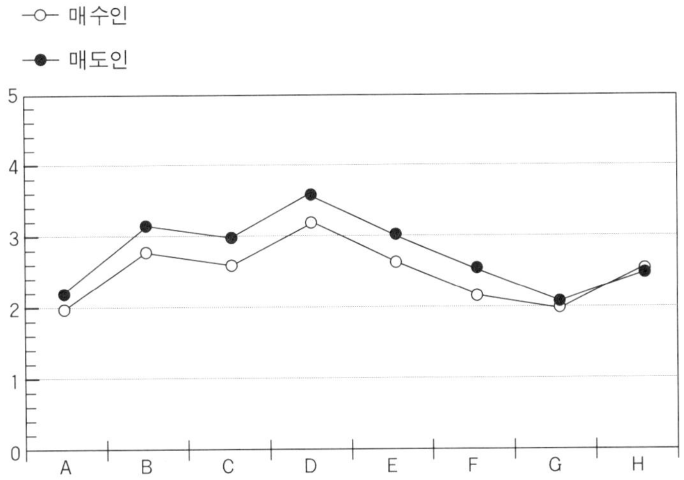

A 장기계약의 체결은 무모
B 매수인의 가격인하신청은 자연
C 매도인의 태도는 경직적
D 매수인의 수령거부의 자세에 대한 찬부
E 매수인의 거부실행에 반대(r)
F 매수인의 거부실행은 비열(r)
G 매도인의 가격인하승낙은 어리석다(r)
H 매수인의 도산위기가 있는 경우의 평가

[도 33] 미국-자국매수인과 자국매도인 버전별

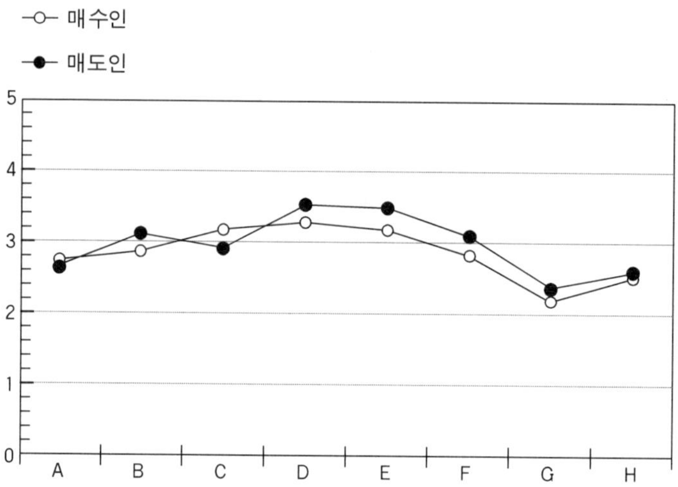

A 장기계약의 체결은 무모
B 매수인의 가격인하신청은 자연
C 매도인의 태도는 경직적
D 매수인의 수령거부의 자세에 대한 찬부
E 매수인의 거부실행에 반대(r)
F 매수인의 거부실행은 비열(r)
G 매도인의 가격인하승낙은 어리석다(r)
H 매수인의 도산위기가 있는 경우의 평가

제 8 절 친일 · 반일 감정과 친미 · 반미 감정

질문 B 이외의 모든 질문에 걸쳐서 자국 옹호의 요소가 보인 곳은 한국, 필리핀, 이집트, 영국의 4개국이다. 이 중 이집트를 제외한 3개국이 반일 감정이 강하다고 말하여지는 나라이고, 이 이외의 나라에서도 중국에도 자국 옹호가 강하다는 경향이 보여 진다. 그러나 한국, 중국 조사를 본다면 대 호주와의 거래에서도 자국 옹호의 요소가 보여 지고, 특별히 반일 감정만이 이 조사결과에 영향을 주었다고는 할 수 없다(필리핀에 관하여는 일본 이외의 나라와의 거래에 관한 조사를 하지 않았기 때문에 이러한 비교는 불가능하다). 또한 영국에 관하여도 대일거래의 경우와 대미거래의 경우에 확연한 차이는 보이지 않고, 반일감정만으로 이것을 설명하는 것은 곤란하다.

이집트에 관하여는 대일거래와 대미거래 간에 회답경향에 차이가 보여 진다. 이것은 아랍에 위치하는 이집트의 반미감정의 영향이 있음을 추측하게 하는 것이다.

각국조사를 비교한 경우, 일본 측의 계약일탈행위에 특히 엄한 반응을 보인 곳은 미국이고, 호주의 회사의 일탈행동에 대하여 상대적으로 관용적인 반응이 보인다. 호주에 대한 친근감이 존재하는 가능성도 있기 때문에, 이것만으로 미국인이 반일적이라고 결정해버리는 것은 너무 단락적이지만, 미국 조사가 실시된 것은 1995년이고. 일본의 버블경제가 무너졌다고는 하지만 경제적

차원에서 일시적으로 말해진 재팬 이즈 넘버원에 대한 경계심 내지 반감, 또는 그 무렵 종종 미국에서 말하여진 일본불공평론의 영향이 남아 있었던 가능성도 생각할 수 있을 것이다. 그러나 현단계에서 재조사를 하여도 같은 결과가 나온다면, 미국인의 대일 차별감각을 생각하여야 할 것이다. 나아가 일본, 호주 비교만이 아니라 동시에 보다 대규모로 유럽제국과 아시아 아프리카제국의 거래를 대상을 한 조사를 한 경우에는, 유색인종에 대한 편견이라는 요소가 나타날 가능성이 없지 않을 것이다.

어찌되었건 가령 현단계에서 동일조사가 행하여져 여전히 일본회사의 행동에 대하여 엄격한 반응이 보인다면, 보다 근본적인 곳에서 미국인의 일본관을 본격적으로 조사하여 볼 필요가 있을 것이다. 그러한 조사에 의하여 이 조사에 나타난 한도에서의 미국인의 대일차별감정이 일시적인 것인지 영속적인 것인지, 또는 대일이라기보다 아시아인 내지 유색인종에 대한 차별인지가 명확하게 될 것이다. 기회를 보아 이 점의 재조사를 시도할 생각이다.

제 9 절 사회적 관심도의 국제비교

주질문에 추가하여 부질문으로서 정치, 경제의 뉴스에 대한 관심이나 회화, 정치활동에 대한 참가 등의 사회적 관심도를 측정하는 몇 가지 부질문군을 조사표에 추가하였다. 그러나 조사결과를 보면, 이 사회적 관심도와 계약의식과의 관련은 비교적 희박하였다.

사회적 관심도 그 자체의 국제비교를 한 경우, 〈도34〉에서 보듯이 홍콩이 돌출적으로 낮지만, 일본은 그에 뒤따르는 관심도가 낮은 제2그룹 ——일본, 이집트, 뉴질랜드, 호주 ——에 위치하고 있다. 사회적 관심도가 높은 나라는 돌출되어 있는 중국 이를 잇는

[도 34] 사회적 관심도

조사국/지역	분 포 도	조사국/지역	분 포 도
한국	3.20～3.28	스웨덴	2.84～3.00
일본	2.65～2.75	독일	2.86～3.01
대만	2.90～3.01	프랑스	3.10～3.22
중국	3.40～3.48	영국	2.79～2.90
홍콩	2.25～2.38	스페인	2.45～2.80
필리핀	3.10～3.22	미국	3.10～3.21
베트남	2.85～3.04	멕시코	2.90～3.10
타이	2.80～2.90	브라질	2.92～3.08
이스라엘	2.90～3.02	뉴질랜드	2.63～2.82
이집트	2.62～2.78	호주	2.65～2.80
이탈리아	2.82～3.02	범위값: 1.0(낮음)～5.0(높음)	

그룹이 한국, 필리핀, 프랑스, 미국으로 되어 있다.[77)]

또한 일본의 경우, 기본보고서에서 보듯이 개별의 질문항목 마다 회답분포를 보면, 정치 경제의 뉴스에 관한 관심도 그 자체는 국제적으로 보아 특별히 낮은 것이 아니지만, 그에 관한 회화를 하는 일이 적고, 더 나아가 적극적으로 정치참가를 하는 것은 타국과 비교하여 매우 적다는 관심과 회화 · 행동의 분리가 현저하다는 것이 특징으로 되어 있다.

---

77) 인상론을 부가하면 국제적으로 사회적 관심도가 높은 나라는 국내적으로 강한 정치권력을 가진 나라 및 국제적 영향력이 강한 나라이고, 낮은 나라는 국제적 정치에서 무력하고 또한 국내적 정치권력도 약한 나라로 보여진다고 하는 것은 과언이 아닐 것이다.

제 10 절 힘에 대한 지향도

부질문으로서 일반적인 힘에 대한 지향도에 관한 질문군을 만들었다. 이것은 제2차대전 후에 미국에서 개발된 피험자의 파시스트 증후군을 측정하는 아놀드 등의 'F스케일' (파시즘 척도의 약어)의 질문의 일부를 사용한 것이다. 아놀드 등은 "만일 파시즘이 강력한 또는 상당히 큰 사회운동이 되면 그것을 쉽게 받아들일 것 같은 사고방식을 가진 자를 [미국에서도] 어려움 없이 발견할 수 있었다" 고 말하고 있다. 아놀드 등의 1950년의 이 스케일의 발표 이후, 이 스케일은 널리 받아들여지고 권위주의 연구 붐이 발생하였지만, E. 실즈는 아놀드 등이 우익의 권위주의 만에 착안한 것을 비판하고, 잠재적 파시스트의 증후군이라고 한 표층적 특정의 대부분은 좌익주의자에게도 해당된다는 사실을 밝혀냈다.[78)]

이 F스케일의 질문 중의 다음의 구절을 이 조사표는 다루고 있다.

1. 의지가 강하면 어떠한 약점도 곤란도 극복할 수 있다.
2. 젊은이에게 가장 필요한 것은 엄격한 규율, 흔들리지 않는 결의, 그리고 가족과 나라를 위하여 일하고 싸우려고 하는 마음이다.
3. 우리들의 명예에 대한 모욕은 항상 벌 받아야 한다.
4. 우리나라가 가장 필요로 하고 있는 것은 법이나 정책 이상으

78) 曾良中清司, 權威主義的人間, (有斐閣, 1983년)182면 이하.

로 소수의 리더, 그것도 사람들이 신뢰할 수 있는 용감하고 지칠 줄 모르는 헌신적인 리더이다.

5. 인간은 명확히 강한 자, 약한 자의 2종으로 나누어진다.

이 조사에서는 'F스케일' 전항목은 사용되지 않고 그 일부를 사용하고 있으므로, 이것이 무엇을 계측하는지에 관하여는 신중을 기하여야 한다. 단지, 여기서 이 5개의 질문에 관하여 스케일로서 성립한 일반적인 힘에 대한 지향도가 높은 자는 계약가격개정의 신청, 그것에 대한 거절, 교섭과정에서의 수취거부의 표명 등의 일반적인 계약개정교섭에 관한 질문에 관하여는, 계약준수도는 낮고 계약개정교섭을 용인하지만, 현실로 수취를 거부한다는 실력거부를 한 경우의 반발은 강하다는 경향이 보여 진다. 단순한 계약 개정행동은 일종의 권위주의적 지향이 강한 성격을 갖는 자의 소박한 정의를 침해하는 일은 없지만, 상품수취 거부라는 일탈행동은 그것을 침해한다는 것이고, 권위주의적 지향이 강한 자의 반응의 변동의 크기를 나타내는 것이라고 말할 수 있을 것이다. 권위주의적 지향의 강함과 반대로 단층적인 정의감이 변동의 크기를 부른다고 생각하는 것은 지나치게 일반화하는 것일까.

계약의식으로부터 이탈하여 일반적인 힘에 대한 지향도의 국제비교로서도, 이 조사에는 흥미로운 것이 있다. 〈도35〉에서 보듯이 일반적인 힘에 대한 지향도가 압도적으로 낮은 것이 나치스의 역사를 갖는 독일이고, 높은 것이 이집트이다. 이집트가 아랍의 중심국의 하나임을 생각하면, 다른 아랍 제국에서의 조사가 기대되는 바이다(단지, 이집트조사도 조사도중에 이집트 정부의 제지를 받고, 이집트정부의 요구대로 일본 정부와의 외교교섭 안건으로까지 다루었지만,[79] 최종적으로 조사 계속의 허가는 나지 않았다. 이와 같이 일부의 예외는 있지만, 아랍권에서의 조사는 용이하지 않다).

이 양국을 제외하면 중간치의 3을 사이에 두고, 일반적인 힘에 대한 지향도가 낮은 나라가, 일본, 이스라엘, 스웨덴, 영국, 미국, 뉴질랜드, 호주이고, 높은 나라가 한국, 대만, 중국, 홍콩, 필리핀, 베트남, 타이, 브라질이다. 기본적으로 F스케일 질문의 일부를 기초로 하는 일반적인 힘에 대한 지향도는 선진국에서 낮고, 주로 발전도상국에서 높다는 도식이 성립한다고 말할 수 있을 것이다.

[도 35] 힘에 대한 지향 스케일

조사국/지역	분 포 도	조사국/지역	분 포 도
한국	3.30～3.40	스웨덴	2.80～2.94
일본	2.80～2.85	독일	2.10～2.20
대만	3.01～3.10	프랑스	2.90～3.02
중국	3.20～3.28	영국	2.70～2.80
홍콩	3.05～3.16	스페인	2.50～2.88
필리핀	3.68～3.79	미국	2.65～2.78
베트남	3.60～3.76	멕시코	3.57～3.87
타이	3.40～3.48	브라질	3.28～3.42
이스라엘	2.85～2.99	뉴질랜드	2.60～2.78
이집트	4.20～4.27	호주	2.68～2.80
이탈리아	2.98～3.16	범위값: 1.0(약함)～5.0(강함)	

79) 자세히는 후술 173면 참조.

제 11 절 남녀차재론
——사회적 관심과 힘에 대한 지향도의 관점에서

제6절의 '계약준수도의 남녀차' 에서 세계에는 일본이나 독일과 같이 계약준수의식에 남녀차가 있고, 남성의 계약준수의식이 상대적으로 높은 사회와 대만이나 프랑스와 같이 계약준수의식에 있어서 남녀차가 전혀 보이지 않는 사회의 쌍방이 있다는 취지를 말하였다.

그러나 이 번 조사의 결과 거의 전세계적이고 공통적으로 남녀차가 보인다는 문제가 있음이 판명되었다. 그것은 '사회적 관심도' 의 남녀차이다. 〈표3〉(137면)은 조사한 22개국/지역에서의 사회적 관심도의 남녀차를 제시한 것이다. * ** ***이 붙여진 것은 남녀 간에 통계적으로 의미가 있는 차이가 있다는 것을 보여준다(이것은 t검정으로 랜덤샘플링에 의한 조사에서 남성, 여성의 2개의 그룹에서 회답평균치에 차이가 있는지의 여부가 표본 집단의 선택방법에 의하여 우연히 발생한 것인지의 여부를 검증하는 검정이다. ***[p〈0.001]의 경우에는 동일 조사를 표본을 바꾸어 1000번 반복하여도 2개의 그룹 간에 차이가 없다는 결과가 되는 것은 1번도 되지 않는 것을 제시한다. **[p〈0.01]의 경우에는 100번 반복하여도 2개의 그룹 간에 차이가 없다는 결과가 되는 것은 1번도 되지 않는 것을, *[p〈0.05]의 경우에는 100번 반복하여도 2개의 그룹 간에 차이가 없다는 결과가 되는 것은 5번도 되지 않는 것을 보여준다. 아울러 샘플수가 많은 경우에

〈표3〉 젠더별로 본 사회적 관심도와 힘에 대한 지향도

	일원배치 분산분석 남녀차 있다		차(남성회답평균치-여성회답평균치)	
	사회적 관심도	힘에 대한 지향도	사회적 관심도	힘에 대한 지향도
일본	***	***	0.161	0.113
한국	***	***	0.176	0.188
대만	***		0.406	0.030
중국	***		0.288	0.021
홍콩	***	**	0.486	0.129
필리핀	***		0.432	0.049
베트남	***		0.393	0.034
타이	***		0.205	-0.073
인도	N/A	N/A	N/A	N/A
이스라엘	***		0.465	0.048
이집트	***		0.446	-0.017
이탈리아	***		0.367	0.001
스웨덴	***		0.319	-0.004
독일	***	***	0.529	0.190
프랑스	**		0.205	0.106
영국	***	**	0.284	0.106
스페인			0.184	-0.238
미국	***	***	0.452	0.237
멕시코			0.263	0.049
브라질	***		0.520	-0.209
뉴질랜드	***		0.311	0.173
호주	***	**	0.359	0.158

*** p〈0.001

** p〈0.01

* p〈0.05

는 근소한 차라도 통계적으로 의미가 있는 것이 되기 쉽다는 점에 유의할 필요가 있다. 또한 이 조사는 랜덤 샘플링에 의한 것이 아니지만, 가령 랜덤 샘플링에 의한 경우에 회답평균치의 차이가 어떠한 의미를 갖는지를 조사하기 위하여 일단 t검정을 하여 본 것이다).

〈표3〉을 보면 거의 모든 나라에서 사회적 관심도에 관하여는 남녀차가 있는 것을 알 수 있을 것이다(아울러 72면~73면에 적었듯이 스페인과 멕시코는 총 샘플수가 각각 59와 89이고 다른 나라에 비교하여 매우 소규모인 조사였기 때문에, 통계적으로 의미가 있는 차이는 나오지 않았다. 또한 인도에 관하여는 조사개시 전에 협력을 약속한 —— 실제로는 조사협력은 하지 않았지만 —— 인도인 학자가 사회의식에 관한 질문항목을 삭제할 것을 강하게 주장하였기 때문에 부득이 이들 질문을 질문표에서 삭제하였기 때문에, 이 점의 비교를 할 수 없었다).

실은, 우리는 이 계약의식조사와는 별개로 미일중 3개국에서의 전국법의식조사를 전개하고 있다. 중국에서 조사를 한 결과, 중국은 남녀 간에 법의식의 차이가 거의 보이지 않는 나라임이 판명되었다. 그러나 그 중국에서 남녀 간에 유일하게 통계적으로 의미가 있는 차이를 보인 것이 '정치적 관심도' 였다.[80)]

아울러 여기서 조사시점인 1995년의 중국의 사회상황에 관하여 한마디 해두고자 한다(이하에서 말하는 것은 기본적으로는 현재에도 계속되고 있는지, 일부에 전면적으로 계속되고 있는지 확인할 수 없는

80) 法意識國際比較硏究會, 中國人の法意識(5), ジュリスト1188 57면.

점도 있다). 중국에서는 '정치학습' 이라 칭하여 공산당이나 국가의 정치적 방침을 기업의 취로시간의 일부 등을 사용하여 학습하는 시스템이 취해지고 있다. 이 정치학습에 어떻게 참가하였는지는 '檔案' 이라 불리는 중국의 '개인기록' —— 고교, 대학의 성적, 인간관계, 정치적 태도(德, 智, 体 중 정치적 태도는 德의 일부를 구성한다고 생각된다) —— 에 기록되어 간다. 그리고 이러한 개인적 기록이 각 개인의 조직 내에서의 지위, 승진, 기타에 영향을 주어 가는 것이 된다. 중국의 일반시민은 이 '정치학습' 을 위로부터 강제적으로 하달 받은 것으로서 무미건조하다고 하여 싫어하는 사람이 많다. 특히 여성에게는 불평이다. 저자는 과거 북경대학에서 3개월 간 객원교수로 근무한 적이 있었지만, 그 때 상당히 폭넓게 각종 인터뷰조사를 북경에서 하였다. 그러한 조사의 일환으로 중국기업이 아닌 외자계기업에 근무하는 중국인에게 그 동기를 물어본 바, 여성종업원을 중심으로 "여기서는 정치학습에 나가지 않아도 좋다", "정치학습은 너무 싫다" 등의 말이 적지 아니하게 나왔던 것이다(아울러 중국에서 외자계기업에 근무하는 경우, 외자계기업과 중국인 종업원이 직접 고용계약을 체결하는 것은 예외이고, 대부분의 경우에는 정부계의 복무공사(服務公司)의 중개를 통하여 외자계기업에 취직하게 된다. 이 경우 외자계기업이 지급하는 임금의 아주 일부만이 중국인 종업원에게 전달되고, 그 차액은 복무공사를 거쳐 정부에게로 —— 사회복지비용이라는 명목으로 —— 넘어간다. 이러한 임금의 일부 지급의 결과 근로자가 현실적으로 손에 넣는 수입레벨에서는 외자계기업에 근무하여도 중국기업에서 근무하는 것보다 약간 높은 수입을 얻을 수 있는 것에 그치는 것이 많다. 이에 외자계기업을 선택한 이유가 고수입이 아니라 정치학습을 싫어한다는 것과 같은 회답결과가 나오게 되는 것이다).

의식조사의 결과를 보면, 일반적으로는 남녀차가 매우 적은 중국에서도 정치의식의 차, '여성의 정치혐오' 는 현저하였다. 그와 유사하게 이번의 세계조사를 보아도 여성의 사회적 관심도의 상대적 저하는 부정할 수 없는 바였다. 이것은 단지 남녀의 사회진출도의 차이의 반영에 불과하다는 견해도 있을 수 있지만, 그에 한하지 않는 남녀의 정신구조 차이의 반영의 결과라는 시점에서 남녀의 정치의식, 사회의식의 차이를 분석할 필요가 없지 않을 것이다.

다음으로 힘에 대한 지향도의 남녀차를 비교하여 보도록 하자. 〈표3〉에 적었듯이 힘에 대한 지향도의 남녀차는 통계적으로 의미가 있고, 남성의 힘에 대한 지향도가 여성의 그것보다 높은 나라는, 일본, 한국, 홍콩, 독일, 영국, 미국, 뉴질랜드, 호주의 각국이다. 이들 제국은 한국과 홍콩을 제외하면 회답평균치가 중간치인 3.0에 이르지 않는 나라들이다. 앞서 기본적으로 'F스케일' 질문의 일부를 기초로 하는 힘에 대한 지향도는 선진국에서 낮고 주로 발전도상국에서 높다는 도식이 성립한다고 말하였지만, 이러한 선진국의 대부분에 있어서는 미국을 필두로 하여 남성 쪽이 여성보다도 힘에 대한 지향도가 강하다는 경향이 보여 진다. 그에 비해 발전도상국의 대부분에서는 이러한 경향이 보이지 않는다(아울러 수치상으로는 여성의 힘에 대한 지향도가 남성보다도 높은 나라가 약간 존재하지만, 이들 수치는 모두 통계적으로 의미가 없다는 것을 언급해 두고자 한다). 이러한 현상을 어떻게 해석하여야 하는지에 관하여는 제설이 있을 수 있지만, 계약준수의식에 관하여 일본과 같이 남녀차가 있는 사회가 존재하는 한편, 남녀차가 없는 사회도 존재하는 것은 앞서 말하였지만, 이것은 힘에 대한 지향도에 관하여도 같고, 일본은 여기서도 남녀차가 있는 사회에 속하고 있음은 흥미로운 점이다.

제12절 결어

이상 간단히 조사결과의 개요만을 적었다. 조사결과의 보다 상세한 내용에 관하여는 法意識國際比較硏究會, 전게주(68)을 참조해 주기 바란다. 또한 같은 문헌 162면 이하에는 각국마다의 회답경향이 수치표와 그래프의 형태로 기재되어 있다.

제 3 부 계약의식의 미·일 비교

제 6 장 일호설탕 사건과 웨스팅하우스 사건의 법과 경제학

1. 서언

전술하였듯이 일호설탕 사건과 웨스팅하우스 사건[81]과의 사이에는, 놀라울 정도로 유사성이 있다. 즉 양 케이스 모두 거의 같은 시기의 계약이고 '장기계약', '시황의 대변동' 및 '파산의 위기'라는 중요한 요소의 점에서 높은 유사성이 있다. 그리고 양 케이스의 관계자가 취한 행동도 매우 비슷하다. 이것은 어떻게 설명하여야 할 것일까.

일호설탕 사건과 웨스팅하우스 사건에서 볼 수 있는 계약당사자의 행동패턴이 결코 각각의 사회에서의 계약행동으로서 특이한 것이 아닌 것도 전술과 같이 법사회학조사에 나타나 있다. 즉 일호설

81) 웨스팅 하우스 사건의 상세에 관하여는 Paul L. Joskow, Commercial Impossibility, the Uranium Market and the Westinghouse Case, 6 J. Legal Stud. 119 (1977) 및 ロバート クーター&トーマス ユーレン (太田勝造譯), [新版] 法と経済學(商事法務研究會, 1997년) 255-261면 참조. 이 장의 웨스팅 하우스 사건의 소개는 Jeskow논문에 전면적으로 의거하고 있다)

탕 사건의 일본 측의 행동은 '특수일본적' 인 계약행동의 전형과 같이 보이지만, 법문화나 계약의식이 물과 기름과 같이 다르다고 주장되는 일이 많은 미국에서도, 웨스팅하우스 사건에서 보는 것과 같은 계약행동이 나타난다는 조사는 오래 전부터 존재하고 있다.[82] 그와 같은 연구의 효시가 맥코래이의 저명한 연구이다.[83] 맥코래이에 의하면 미국에서도 현장의 세일즈맨이나 담당자는 표준서식의 이면에 기재되어 있는 상세한 규정에 관하여는 신경 쓰지 않고, 내용을 읽으려고도 하지 않고 사용하고 있다. 심지어 그와 같은 서식은 파일이 될 뿐 실제의 거래에서는 참조되거나 고려되지 않는 것이 대부분이다. 또한 미국의 비즈니스맨이나 기업은 계약조항에서 우발적 사태에 대비하는 일이나 불완전이행, 불이행의 경우의 대책, 법적 제재의 존재 등에 관하여는 정하려거나 말을 하려고도 하지 않는다. '남자의 약속(man' s word)' 이나 '서로의 성의와 프라이드(decency)' 등을 신뢰하여 거래하는 것이다. 계약

82) Douglas G. Baird, Self-Interest and Cooperation in Long-Term Contract, 19 J. Legal Stud. 583 (1990)참조. 계약 이외의 분야에서도 유사한 관찰을 찾을 수 있다. 예를 들면 Robert C. Ellickson, Order without Law: How Neighbors Settle Disputes, Harvard U.P., 1991는 캘리포니아주의 산간부의 샤스터 카운티에서 실태조사를 하여 목장주와 농민으로 구성된 비교적 소규모이고 비교적 폐쇄적으로 사회적 유동성도 작은 사회에서는 사람들이 '긴밀한 관계의 사회(close-knit society)'를 구성하고 있고, 거기에서의 행동패턴과 유사한 것임이 밝혀져 있다. 太田勝造, 社會科學の理論とモデル7 法(東京大學出版會, 2000년) 195면-200면도 참조.

83) Stewart Macaulay, Non-contractual Relations in Business: A Preliminary Study, 28 Am. Soc. Rev. 55 (1963).

내용의 사후적 조정이나 계약분쟁의 해결교섭단계에서도 비법적이고 비공식적인 처리가 일반적이다. 분쟁이 발생하여도 계약서에 의거하여 해결하려고 하는 것은 회피된다. 계약당사자는 마치 당초의 계약 등이 처음부터 없었던 것처럼 재교섭하는 것이다. 그리고 현실적으로도 계약위반에 기한 소송제기는 상대적으로 드물다.

이와 같이 일본인과 미국인에게 계약행동에서 결정적인 차이는 없는 것이 아닌가라는 생각이 든다. 이 점에 관하여 이하에서는 양 케이스가 장기적 계약관계였던 점이 결정적으로 중요하다는 시점에서, 법과경제학의 수법을 참조하면서 분석하여 보겠다.

2. 합리적 행동 : 법과 경제학

일본인과 미국인의 사이에 보이는 것으로 생각되는 계약행동패턴의 유사성을 설명하는 하나의 방법은 합리적 행동으로서의 해석일 것이다.

단발의 계약거래의 경우, 매도인에게 있어서 이 이하의 매매가격으로는 손실이 되어 거래하지 않는 것이 좋다는 '최저매각가능가격Sp' 와 매수인에 있어서 이 이상의 구입가격으로는 손실이 되어 거래를 하지 않는 것이 좋다는 '최고구입가능가격Bp' 의 관계가 다음과 같이 되어 있다면 거래성립은 가능하다.

《최고구입가능가격Bp가 최저매각가능가격Sp 이상이다》

즉 매도인의 '유보가격' 내지 'BATNA(Best Alternative to

a Negotiated Agreement)' 가 매수인의 유보가격 내지 BATNA와 같거나 그보다 작다면, 거래에 의해 양자가 모두 거래 전보다 유리하게 될 수 있는 것이므로 거래는 가능하다. 즉 최고구입가능가격 이하로 또한 최저매각가능가격 이상이 되는 매매가격이 존재한다. 이 가능한 매매가격의 범위를 '합의가능영역(ZOPA: Zone of Possible Agreement)' 이라 부른다. 아울러 최저매각가능가격 Sp와 최고구입가능가격Bp가 같은 경우에는, 당해 가격을 약정가격으로 하는 경우에서만 거래가 가능하다(간단화하기 위하여 이하에서는 이 예외적인 경우의 검토는 생략한다).

그렇다면 약정가격P가 최저매각가능가격Sp보다 높고 또한 최고구입가능가격Bp보다 작다면 매수인도 매도인도 모두 이 거래에서 베타 오프하기 때문에, 이 계약거래는 양자를 퍼레이트 개선한다. 게다가 서로가 상대방에 대한 Best Alternative인 거래상대라고 하면, 즉 서로에게 있어서 당해 상대방보다도 유리한 조건을 제시하는 것과 같은 잠재적 거래상대가 시장에 없는 경우, 이 계약거래는 양자를 퍼레이트 최적으로 사회적으로도 바람직한 것이 된다.[84] 왜냐하면 이 거래계약(매매)에 의하여 발생하는 잉여는 다른 어떠한 상대와의 거래가 가져다줄 잉여와 비교하여도 같거나 그 이상이기 때문이다. 이 결과 이 거래가 가져다주는 사회적 잉여가 최대가 되는 것이다.

84) クーター&ユーレン, 전게주(81)도 참조.

이와 같이 사회적으로 바람직한 단발의 계약거래에도 2개의 곤란이 내재하고 있다. 하나는 매수인의 최고구입가능가격Bp보다 낮고 매도인의 최저매각가능가격Sp보다 높은 범위 중의 어느 가격을 계약가격P로서 합의하는지의 곤란성이다. 두말할 필요 없이 매수인은 보다 낮은 계약가격을 바라고, 매도인은 보다 높은 매각가격을 바라는 것이고, 이러한 '계약에 의한 잉여(contract surplus)' 의 분배는 전형적인 제로섬 게임이 된다. 즉 약정가격이 1엔이라도 높으면 매도인에게 있어서 득이 되고 매수인에게 있어서 손이 되며, 반대로 약정가격이 1엔이라도 낮다면 매도인에게 있어서 손이 되고 매수인에게 득이 된다. 환언하면 설사 합의가능영역ZOPA가 객관적으로 존재하여도 사회적으로 바람직한 거래가 잘 성립하는 보증은 없는 것이다.

또한 계약당사자의 정보부족이나 전략적 행동 등의 거래비용을 위하여 가격을 둘러싼 분쟁이 발생하여 사회적으로 바람직한 계약이 체결할 수 없게 된다는 곤란이 있다. 예를 들면 '계약에 의한 잉여' 의 압도적 과반수(lion' s share)를 취하려고 매도인은 최저매각가능가격Sp를 실제보다도 높게 보이려고 하는 인센티브가 발생하고, 반대로 매수인에게는 최고구입가능가격Bp를 실제보다도 낮게 보이려고 하는 인센티브가 발생하여, 이 속이고 속는 교섭의 결과 외면상으로는 합의가능영역이 존재하지 않게 되어 거래 자체가 성립할 수 없게 되는 것도 생각할 수 있다. 또한 최저매각가능가격Sp와 최고구입가능가격Bp는 상대에게 알려지면 교섭상 크게 불리하게 되므로 서로 숨기려는 것이다. 그 결과 상대의 미지의 유보가격에 관하여 과도하게 낙관적으로 예상하고 탐욕스럽게 밀어붙여 합의 가능한 계약을 결렬시켜버리는 일도 발생한다.

단, 이러한 계약당사자의 정보부족이나 전략적 행동이 가져올 곤란은 당사자의 성실한 교섭에 의해 극복가능하고, 실제의 거래에서는 대부분의 경우에 극복되고 있다고 생각된다. 그렇지 않다면 세상에서 계약이 다수 체결될 리 없다. 거래의 프로페셔날인 계약당사자들은 자신에게 있어서도 상대에게 있어서도 이익을 초래하는 거래기회에 관하여는 준민하고 정확하게 평가할 수 있고, 좋은 거래기회를 놓지지 않을 정도의 합리적인 교섭을 하는 것이다.

또 하나의 보다 큰 곤란은 어렵게 사회적으로 바람직한 계약체결에 도달하였다고 하여도 매도인에게도 매수인에게도 상대의 이행을 받으면 자신은 불이행을 한 채로 도망간다는 인센티브가 존재하는 점이다. 이것은 계약의 딜레마로 불리는 것이고, 구조적으로는 죄수의 딜레마와 같은 문제이다.[85] 즉 서로의 계약상의 의무를 이행하고 시종일관 거래를 완수할 수 있다면 서로에게 이익을 주지만, 상대가 정직하게 계약을 이행하는 경우에는 자신은 계약불이행을 하는 것으로 보다 큰 이익을 추구할 수 있다는 문제이다.

이 제2의 곤란에 대하여는, 사회적으로는 계약법제도와 재판에 의한 강제가 해결책을 제공하고 있다. 즉 배신하여도 상대방으로

85) 太田勝造, クロスオーバーとしての學問, 小林康夫編, 學問のすすめ(筑摩書房, 1998년)140-150면도 참조.

부터 소송을 제기 당해 이행이 강제되거나 손해배상이 요구되는 결과, 배신하여 제소당하기 보다는 처음부터 계약의무를 이행하는 것이 득이라는 해결책이다. 이것이야 말로 계약법제도의 사회적 존재의의이다. 그러나 소송에는 변호사비용이나 신청수수료 등의 금전적 비용과 화해나 판결에 이르고 경우에 따라 강제집행까지 하려면 오랜 시간이 걸린다는 시간적 비용, 나아가 소송을 수행하려면 다대한 스트레스나 평판의 실추를 감수하여야 하는 정신적 비용 등이 든다. 이들 비용이 지나치게 크다면 아마도 소송 등을 하지 않고 참고 넘어가는 쪽이 득이라는 경우도 생기고, 그 경우에는 계약법제도(및 소송)이라는 해결책은 화중지병이 된다. 이것이 계약법제도의 한계이다.

이와 같이 재판으로의 액세스가 곤란한 경우라도 악셀로드의 죄수의 딜레마 연구의 성과에 의하면, 거래가 반복될 가능성이 일정 이상 존재한다면, 계약의 딜레마는 극복 가능하다.[86] 즉 단기적 이익을 구한다는 기회주의적 행동으로의 인센티브, 즉 배신하여 불이행하는 인센티브는 '오랜 관계유지' 의 상황에서는 극복될 수 있

86) ロバート アクセルロット(松田裕之譯), つきあい方の科學：バクテリアから國際關係まで, (ミネルヴァ書房, 1998년) 参조. 또한 マイケル テーラー(松原望譯), 協力の可能性：協力國家アナーキー, (木鐸社, 1995년)参조. 소비자계약의 문맥으로 유사한 문제를 진화게임으로서 분석한 것으로, 太田勝造, 消費者契約法制：善玉當事者と惡玉當事者, 細江守紀 太田勝造(編著), 法の經濟分析：契約・企業・政策, (勁草書房, 2001년：第6章)119-155면 및 太田勝造, 社會秩序とゲーム論：弱肉强食の消費者契約からいかにして取引秩序が生まれるか, 佐伯胖・龜田達也(編著), 進化ゲームとその展開, (共立出版, 2002년)93-128면이 있다.

는 것이다. 이 점은 직관적으로도 이해할 수 있을 것이다. 몇 번이고 거래를 반복할 가능성이 있는 경우(오랜 관계), 이번에 한번 배신하여 다대한 이익을 얻어도 그러한 불성실한 행동을 하면 그 후로는 같은 상대와는 거래를 할 수 없게 된다. 또한 불성실한 사람이라는 평판이 업계에 퍼지게 되고 그 밖의 잠재적인 거래상대와도 거래를 할 수 없게 될 가능성이 높다. 그 결과 업계로부터 배출당하게 되어 장사가 성립할 수 없게 된다. 이것을 고려하면 단기적으로 유리한 배신행동을 하기보다도 성실하게 착실히 계약을 이행해 나가는 것이 긴 안목으로 보면 보다 유리하다는 상황은 널리 존재한다고 기대된다. 양의 동서를 묻지 아니하고 '긴 관계'를 강조하는 비즈니스 관행은 이 동찰에 기한 것이다.

이 악셀로드의 성과로부터 장기계약을 체결하여 거래를 반복하는 것의 합리성의 하나의 근거가 도출될 수 있다.[87] 실제로도 비법적, 비공식의 수법에 의해 장기계약 내에서의 상호의 이행의 보장은 이루어지고 있고, 거기서는 악셀로드이론이 예측하듯이 '장래

87) 당사자가 장기계약을 체결하는 이유로는 거래비용의 절감과 시나지효과가 중요하다. 엔드게임의 문제의 경감은 거래비용의 절감의 하나의 방법으로 위치한다. 장기계약에서 절감되는 기회비용에는 그 밖에 새로운 거래상대의 탐색비용, 목적물의 공급의 불안정성 등도 있다. 시나지효과란 노우하우 등의 중요정보의 공유나 인맥형성 등에 의하여 말하자면 1+1이 2보다 큰 효과를 낳는 상승효과를 말한다.

88) Thomas M. Palay, Comparative Institutional Economics: The Governance of Rail Freight Contracting, 13 J. Legal Stud. 265 (1984)에 의하면, 철도화물수송의 장기계약에서 장래의 거래의 정지의 위협이 이행을 강제하기 위한 제재로서 기능하고 있다.

의 거래의 고려' 가 큰 역할을 수행하고 있다.[88] 게다가 장기계약을 체결하는 것에는 또 다른 이익이 기대된다. 즉 고정된 상대와 거래를 반복하는 것으로 서로의 개성, 성격, 사고방식, 니즈 등을 보다 정확하게 이해할 수 있고, 공유지식이 증대하여 보다 효율적인 계약내용을 조정하거나, 비즈니스에서 발생하는 여러 가지 불확정요소나 우발적 사태에 대하여 보다 유효하게 협력적 대응을 하는 것이 가능하다. 또한 장기계약을 체결하는 것으로 매 거래마다 거래상대를 탐색하는 코스트, 거래마다 상대의 신뢰성이나 선호구조에 관하여 정보를 수집하는 코스트 등을 절약할 수 있다. 게다가 장기적 계약을 형성하는 것은 관점을 바꾼다면 장래의 거래의 기회와 이익을 서로 '인질' 로서 교환하는 것이 되고, 서로의 계약상의 코밋트먼트는 보다 크레디블이 된다.

단, 장기계약에도 문제가 없는 것은 아니다. 우선 실제의 장기계약에는 종기가 있는 것이고 반복 게임으로서는 유한 반복 게임이 된다. 유한 반복 게임의 경우에는 마지막에는 단발의 죄수 딜레마와 같아지게 되어 배반의 인센티브가 발생하고, 그것이 소급하여 간다는 문제가 발생한다. 이것은 '엔드 게임 문제' 로 불린다. 반복되는 계약의 딜레마도 이 엔드 게임의 문제로 인하여 충분히 이 제2의 곤란을 해결할 수 없다. 예를 들면 일호설탕 사건이나 웨스팅하우스 사건에서는 일방당사자는 도산에 직면하고 있고, 계약의 일방당사자가 도산하면 장기계약은 필연적으로 절대적인 종료를 하는 것이므로 엔드 게임이 된다.[89] 즉 도산이라는 엔드 게임에 직면한 당사자의 합리적 행동은 계약불이행이라는 것이 된다. 따라서 일호설탕 사건의 일본 측이나 웨스팅하우스 사건의 웨스팅하우스사가 이행거절, 계약파기를 하는 것은 합리성으로 설명할 수 있는 것이 된다.

장기계약에는 또 하나의 곤란이 내재하고 있다. 그것은 사정변경에 대한 대응의 곤란이다. 계약의 도중에 보다 유리한 잠재적 거래상대가 나타난 경우 어떻게 할 것인가(기회비용의 문제). 이 문제는 단발(단기적)계약의 경우에도 발생할 수 있다. 법과 경제학의 해답은 '계약을 깨트릴 자유'의 승인이고, 종래의 계약상대방에게 불이익을 입히지 않는 한도에서(손해배상으로서 기대이익을 배상한다) 계약을 파기하여 보다 유리한 계약상대방과의 거래로 이행할 자유를 인정한다는 것이며, 이에 의해 계약이 가져다주는 잉여, 그리고 사회적 잉여는 증대한다. 게다가 기대이익을 계약파기를 받은 상대방에게 보상하기 때문에 보다 불이익하게 되는 자도 발생하지 않는다. 즉 팔레트 개선된다. 구조적으로는 이러한 단기적(단발적) 계약과 서로 같지만 장기계약의 경우 이러한 의미에서의 사정변경(보다 유리한 거래상대의 등장)의 가능성은 보다 높다. 장기적 계약에 묶여 보다 유익한 거래상대와의 거래가 불가능하게 되면 이익이 감소함과 동시에 사회적으로도 잉여가 감소된다. 반면, 안이하게 장기적 계약의 일방적 해소를 인정하면 장기적 계약

89) 물론 여기서는 청산형 도산을 가리킨다. 재건형 도산의 경우에는 관계성이 계속된다.

의 코미트먼트가 삭감된다. 게다가 단기적(단발적) 계약과 달리 기대이익의 결정에는 다대한 곤란이 생긴다. 이 문제에 대한 실제로 이루어지고 있는 대책은 장기적 계약으로 하면서 기한을 수년이라든지 10년으로 설정하여 여기서 말하는 사정변경에 대응하면서 특정한 사유에 의한 종결의 경우를 제외하고 자동갱신을 원칙으로 하는 것으로, 장기적 계약의 이점을 살린다는 것이다.

고정가격에 의한 장기계약의 경우에는 나아가 불확실성이라는 곤란이 내재하고 있다. 고정약정가격P로 장기계약을 체결한 후에, 계약당사자의 최고구입가능가격Bp나 최저매각가능가격Sp가 변동할 수 있다. 예를 들면 계약의 목적물이나 그 대체품 또는 그 원재료의 시황이 변동하여 시장가격이 상승하면 매도인의 최저매각가능가격Sp는 상승한다. 반대로 계약의 목적물이나 그 대체품, 또는 그 원재료의 시황이 변동하여 시장가격이 하강하면 매수인의 최고구입가능가격Bp는 하강한다. 시점t에서의 이들 가격을 각각 최저매각가격Sp(t)와 최고구입가능가격Bp(t)로 나타낸다. 이하 경우를 나누어 놓도록 하겠다.

(1) 계약기간을 통하여 서로가 계약당사자로서 Best Alternative라는 가정 하에서 먼저 생각한다.

(1-1) 매도인의 최저매각가능가격Sp와 매수인의 최고구입가능가격Bp와의 관계가 시황의 변동으로 인하여 계약기간 중의 어느 시점에서 최고구입가능가격Bp가 최저매각가능가격Sp보다도 작아지면, 이 거래는 사회적으로는 더 이상 바람직하지 않은 것이 된

다. 이 경우 다시 최저매각가능가격Sp보다도 최고구입가능가격Bp가 커지기까지 거래를 중단하는 것, 그러한 전망이 안 선다면 계약을 종료하는 것이 사회적으로 바람직하다. 또한 사적 이익최대화라는 의미에서의 합리적인 당사자의 행동으로서는, 약정고정가격P와의 관계가,

《약정고정가격P보다도 최고구입가능가격Bp 쪽이 크고 또한 최고구입가능가격Bp보다도 최저매각가능가격Sp 쪽이 크다》

는 경우라면 매도인은 계약의 중단이나 파기를 구할 것이다. 반대로,

《최고구입가능가격Bp보다도 최저매각가능가격Sp 쪽이 크고 또한 최고구입가능가격Bp보다도 약정고정가격P 쪽이 크다》

는 경우라면 매수인이 계약의 중단이나 파기를 구할 것이다. 이들 계약위반적 행동은 합리적 행동임과 동시에 사회적으로도 바람직한 행동이다. 반면 전자(약정고정가격P 〈 최고구입가능가격Bp 〈 최저매각가능가격Sp)의 경우, 매수인은 상대에게 계약의 이행을 구하고, 후자(최고구입가능가격Bp 〈 최저매각가능가격Sp 〈 약정고정가격P)의 경우, 매도인은 상대에게 계약의 이행을 구할 것이다. 이들 계약준수요구는 사적 이익 최대화의 점에서 합리적 행동이지만, 사회적으로는 바람직하지 않은 행동이다. 이와 같이 계약은 특히 장기계약은 준수하면 좋다는 것이 아닌 것이다.

(1-2) 계약기간 중의 모든 시점을 통하여 최저매각가능가격Sp보다도 최고구입가능가격Bp 쪽이 큰 경우라고 하여도 시황의 변

동에 의하여 고정가격P와의 계약은 계약체결시의 상황(최저매각가능가격Sp 〈 약정고정가격P 〈 최고구입가능가격Bp)으로부터 어느 시점t에서,

① 〈〈약정고정가격P보다 최저매각가능가격Sp(t)가 크고, 또한 최저매각가능가격Sp(t)보다 최고구입가능가격Bp(t)가 큰〉〉

경우나,

② 〈〈최저매각가능가격Sp(t)보다 최고구입가능가격Bp(t)가 크고, 또한 최고구입가능가격Bp(t)보다 약정고정가격P가 큰〉〉

경우 등으로 변동할 가능성이 있다.

시황의 변동으로 ①의 경우(약정고정가격P 〈 최저매각가능가격Sp(t) 〈 최고구입가능가격Bp(t))가 된 시점에서는 매도인은 다시 원래의 상황(최저매각가능가격Sp 〈 약정고정가격P 〈 최고구입가능가격Bp)이 되기까지 거래를 중단하려고 할 것이고, 그 전망이 없다면 이 장기계약을 파기하려고 할 것이다. 이 매도인의 행동은 단기적으로는 합리적인 행동이다. 그러나 반대로 매수인은 약정고정가격P에 의한 계약준수를 요구할 것이고, 그것은 합리적인 행동이다.

반대로 시황의 변동으로 ②의 경우(최저매각가능가격Sp(t) 〈 최고구입가능가격Bp(t) 〈 약정고정가격P)가 된 시점에서는, 매수인은 다시 원래의 상황(최저매각가능가격Sp 〈 약정고정가격P 〈 최고구입가능가격Bp)이 되기까지 거래를 중단하려고 할 것이고 그 전망이

없다면 장기계약을 파기하려고 할 것이다. 이 매수인의 행동은 단기적으로는 합리적인 행동이다. 그러나 반대로 매도인은 약정고정가격P에 의한 계약준수를 요구할 것이고, 그것은 합리적인 행동이다.

이들 ①과 ②의 경우의 계약당사자의 행동은 각각 자기이익 최대화의 의미에서 합리적이지만, 사회적으로는 바람직하지 않다. 왜냐하면 약정가격을 수정하여,

《최저매각가능가격Sp(t)보다 약정고정가격P(t)가 크고, 또한 약정고정가격P(t)보다 최고구입가능가격Bp(t)가 크다》

는 것이 되는 신가격P(t)에 의하여 거래를 하는 것으로 양자 모두 베터 오프하고, 사회적으로도 바람직하기 때문이다. 예를 들면 이 장기계약에 가격의 재교섭조항이 있다면, ①의 경우 매도인은 거래가격의 인상을 구하고 재교섭을 요구할 것이고, ②의 경우 매수인은 거래가격의 인하를 구하고 재교섭을 요구할 것이다. 교섭비용이 작다면 이 재교섭에 의하여 어느 경우이건 새로운 거래가격P(t)가 설정되고,

《최저매각가능가격Sp(t)보다 약정고정가격P(t)이 크고 또한 약정고정가격보다 최고구입가능가격Bp(t)가 크다》

는 조건을 충족시키고 이 거래는 사회적으로 바람직한 것이 된다.

이와 같이 ①이나 ②의 경우에 약정의 고정가격에 의한 거래를 구하고, 계약의 준수를 구하는 행동도 계약의 중단이나 파기를 구하는 행동도 모두 사회적으로 바람직하지 않고, 재교섭을 위한 거

래비용이 작다면 재교섭으로 가격을 수정하는 쪽이 사회적으로 바람직하다. 이 점은 계약 중에 가격에 관한 재교섭조항이 규정되어 있는지의 여부에 관계없이 성립한다.[90] 재교섭조항은 오히려 재교섭을 위한 거래비용을 감축시키기 위한 것으로 이해하여야 할 것이다.

(2) 다음으로 계약기간 중의 어느 시점에서 계약의 적어도 어느 일방의 당사자가 상대에게 있어 Best Alternative로 되지 않은 경우를 간단히 검토하여 본다. 이 경우에 이 장계계약이 더 이상 사회적으로 바람직하지 않은 것이 되었다는 점을 제외하면, 시황의 변동의 영향은 상기(1)과 같은 분석이 되므로, 이 점의 분석은 생략한다.

상대가 더 이상 계약의 Best Alternative가 되지 않는다는 것은 매도인으로부터 본다면 보다 비싼 가격으로 구입하려고 하는 자가 나왔다는 것이고(새로운 매수인을 B' 로 하여 종전의 최고구입가능가격Bp보다 새로운 최고구입가능가격B' p 쪽이 크다), 매수인으로부터 본다면 보다 싼 가격으로 판매하려는 자가 나왔다는 것이다(새로운 매도인을 S' 로 하고 새로운 최저매각가능가격S' p보다 최저매각가능가격Sp 쪽이 크다). 이러한 새로운 매도인이나 새로운 매수인과의 거래에 의해 계약에 의한 잉여는 증대한다. 즉 사회적으로

90) Palay, supra note (88)은, 철도화물수송의 장기계약에 있어서의 거래내용의 재교섭에 의한 수정의 사례를 소개하여 논하고 있다. 거기서도 '장래의 거래의 고려' 가 일정한 역할을 수행하고 있다.

보다 바람직한 거래가 된다.

물론 당초의 계약의 상대방으로부터 본다면 자기보다 유력한 경쟁상대의 출현이고 이 사태에 대한 자기이익 최대화로서의 합리적 행동은, 체념하고 스스로 물러나는 것이 아니라 자신과의 당초의 장기계약 그대로의 이행을 구하는 것이다. 이 행동은 계약준수적인 행동이지만 사회적으로는 반드시 바람직하다고는 말할 수 없다. 반대로 말한다면, 보다 좋은 거래 상대가 출현한 계약당사자가 원래의 장기계약에 묶인다면, 이 자에게 장기계약이 기회비용을 부과하고 있는 것이 된다.

(3) 지금까지 고정가격에 의한 장기계약에 있어서의 합리적 행동과 그 사회적 바람직함을 보아 왔다. 거기서 생략하여 온 행동으로서 일견 비합리적으로 보이는 행동이 있다. 즉 시황의 변동에 의한 (1)의 ①이나 ②의 경우에도 계약의 중단, 파기, 재교섭의 요구 등을 하지 아니하고 적자 각오로 장기계약을 준수하는 경우이다. 또한 계약의 상대방이 Best Alternative가 되지 않는 (2)의 경우에도 당초의 장기계약을 준수해 나가는 경우가 있다. 이것도 보다 좋은 이익을 가져다주는 새로운 계약당사자를 무시하는 것이 되고 비합리적인 행동으로 보인다. 그러나 이들 행동도 일정한 경우에는 합리적 행동인 경우가 있다.

우선 시황의 변동에 의한 (1)의 ①이나 ②의 경우에도 적자 각오로 장기계약을 준수하는 행동도, 그 적자가 단기적인 것이라면 합리적이고 사회적으로 바람직한 경우가 있을 수 있다. 즉 단기적으로는 적자가 되어도 계약기간 중의 이윤의 총액이 플러스라면 당연히 비합리적인 행동이라고는 말할 수 없다. 재교섭을 위한 거래비용이 큰 경우에는, 그대로 일시적 적자를 입고 계약을 준수하는 편이 장기계약전체로서의 이익이 크게 되는 경우가 있다. 또한 재교섭을 요구하는 것으로 Best Alternative인 상대방으로부터 계약상대로서 나쁜 타입이라고 평가되고, 장기계약의 갱신이 불가능해질 리스크가 큰 경우에도 일시적 적자를 입고 계약을 준수하는 편이 합리적이 되는 경우가 발생한다.[91] 또한 사회적 견지에서도 일시적 적자는 계약에 의한 잉여의 분배가 시황의 변동에 의하여 변화한 것뿐이라고 평가되므로, Best Alternative 끼리의 장기계약의 이행이 바람직하다.

계약의 상대방이 Best Alternative가 되지 않은 (2)의 경우에도, 그때까지의 거래관계를 일방적으로 청산하고, 출현한 보다 좋은 계약의 상대방과의 거래에 들어가지 않고 종래의 거래를 계속한다는 것은 종종 볼 수 있는 일이다. 물론 새로운 계약당사자와의 신계약을 위한 거래비용이 큰 경우에는 종래의 거래를 계속하는 편이 합리적이다. 예를 들면 비효율적인 장기계약을 법원이 엄격하게 강제하는 경우, 사회적으로 바람직하지 않다고 하여 계약당사자의 합리성으로부터는 비효율적이 된 장기계약을 준수하는 편이 합리적이 될 수 있다. 계약법제도나 법원이 보다 좋은

91) エリク ポズナー(太田勝造監譯, 飯田高 志賀二郎 藤岡大助 山本佳子譯), 法と社會規範 : 制度と文化の経済分析, (木鐸社, 2002년) 참조.

Alternative로의 환승에 제약을 부과하지 않은 경우에도, 종래의 장기계약을 준수해 나가는 일이 있다. 이 일견 비합리적으로 보이는 행동도 합리적인 경우가 있다. 예를 들면 일단은 장기계약으로 들어갔는데 바로 눈이 바뀌어 계약파기를 하고 다른 계약당사자와 계약에 들어가는 경우에는, 신뢰하기 힘든 나쁜 타입의 거래상대라는 평판이 설 위험이 동반한다. 이러한 평판이 중요한 경우에는, 당해 장기계약의 종료까지는 보다 적은 이익으로 기다리는 것으로 계약을 지키고 코미트먼트를 준수하는 신뢰하기에 충분한 좋은 타입의 거래상대라는 평판을 시장에 확립시키는 것이 합리적 행동이 된다.[92] 왜냐하면 이 좋은 타입이라는 평판에 의해 다음부터는 Best Alternative의 거래상대와 보다 낮은 거래비용으로 장기적 관계에 들어가는 것이 가능해지기 때문이다. 또한 장기계약의 기간 도중에 다른 Best Alternative를 탐색할 비용이 큰 경우, 이러한 탐색비용을 낭비하는 대신에 종전의 장기계약을 준수하는 편이 합리적이다.[93]

이상의 (1)로부터 (3)에서 보았듯이, 법과 경제학의 견지에서의 장기계약의 분석에 의하면, 계약의 준수, 부준수와 개인의 합리적

92) ロバート フランク(山岸俊男監譯), オデッセウスの鎖：適 プログラムとしての感情, (サイエンス社, 1995년)참조.

93) Cf., Victor P. Goldberg, Price Adjustments in Long-Term Contracts, 1985 Wis. L. Rev. 527-543 (1985), Victor P. Goldberg & John R. Erickson, Quantity and Price Adjustment in Long-Term Contracts: A Case Study in Petroleum Coke, 30 J. Law & Econ. 369 등 참조.

인 계약행동이나 사회적으로 바람직한 계약행동과는 일치하는 경우와 괴리되는 경우가 있을 뿐만 아니라, 합리성과 사회적 바람직함의 사이에도 일치하는 경우와 괴리되는 경우가 있다. 그리고 일호설탕 사건에서의 일본인의 계약행동과 웨스팅하우스 사건에서의 미국인의 계약행동의 패턴의 대부분은 본절에서 경우를 나누어 분석한 합리적 행동의 패턴으로서 설명할 수 있는 것이 대부분이라는 것이 이해 가능할 것이다.

3. 합리성과 법의식

일호설탕 사건이나 웨스팅하우스 사건에서의 일본 측 당사자나 웨스팅하우스사의 행동을 돌아보면, 고정가격의 장기계약이 시황의 대변동에 의하여 존망의 위기를 불러온 때, 합리인이라면 채택하였을 것이라는 행동을 취한 것에 불과하다고 볼 수 있고, 그 점에서 양자의 행동이 유사하다고 해석할 수 있다. 여기서의 합리적 행동이란 고정가격이라는 계약내용개정의 노력이다. 또한 상대가 우호적 재교섭에 응하지 않은 것도 합리적 행동이라고 해석할 수 있다. 상대방의 교섭거부에 대하여 수령거절, 행정이나 정치가의 동원, 일방적 계약파기 등을 한 것도 합리적 행동이라고 해석할 수 있다. 즉 이들 강렬한 행동도 상대를 재교섭과 계약개정으로 끌어들이기 위한 강인한 그러나 합리적인 전략이었다고 평가할 수 있다. 이들 행동의 사회적 바람직함은 경우에 의한다.

그렇다면 법의식은 여기서의 합리적 행동에 관련성도 중요성도 갖지 않는 것일까. 물론 그렇지 않다. 문제는 3중이다.

제1의 위상에서는, 유사한 상황 하인 사회에서는 어떤 행동이 채용되기 쉽고, 다른 사회에서는 다른 행동이 채용되기 쉬운 경우, 그들의 합리적 행동 간에 유효성(기대효용)의 점에서 차이가 없는 경우에는, 법의식이나 법문화에 의한 설명이 필요할 수 있다. 이 경우 어떤 사회에서 채용되는 행동 A와 다른 사회에서 채용되는 행동 B가 다른 행동이지만, 유사한 상황 하에서 모두 합리적 행동인 이상은 행동 A와 행동 B의 사이의 선택은 합리적 선택으로서는 설명할 수 없다. 이러한 현상에 대한 경제학적 설명의 전형적인 것은 '경로의존성(path-dependency)' 이다. 즉 우연한 요소가 쌓여 만들어진 결과의 차이로서 설명한다. 따라서 법문화나 법의식이란 경로의존성의 문제로서 정식화되게 된다. 이에 대하여 법사회학적으로는 유사한 상황 하에서의 합리적 행동의 사이의 선택은 당해 행동에 대한 주체의 의미부여의 차이에 의한 것이 된다. 경제학적 설명과 법사회학적 설명의 가교를 도모한다면, 의미부여가 경로의존성으로 설명될 것이다.

제2의 위상에서는 같은 상황에서의 유사한 합리적 행동의 유효성(기대효용)이 사회에 의해 다른 경우, 그 차이를 가져오는 사회구조나 사회조직은 어떻게 생성되고 유지되고 있는지의 설명으로서 법의식이나 법문화가 필요하게 될 수 있다. 장기계약에서의 분쟁에 관한 재교섭이나 제소 등의 유효성은 사회에 의해 다른 경우가 많다. 그 차이를 가져오는 것은 사회구조나 사회조직이라고 하여 그러한 사회구조나 사회조직의 분석을 하는 것은 법사회학에서도 경제학에서도 탐구되고 있다. 나아가 그러한 사회구조나 사회조직이 애당초 어째서 창발(創發)한 것인지에 관한 경제학적 설명의 전형은 그것들을 균형(equilibrium)이나 진화적 안정성(ESS), 확률적 안정성(stochastic stability) 등으로서 위치를 부여할 것이다.[94] 법사회학적으로는 자생적 질서론, 사회규범론 등의 설명을 하게 된다.

제3의 위상은 이러한 합리적 행동에 대하여 다른 사람들이 어떻게 평가할지, 거기에 사회에 의한 차이가 존재하는지의 여부이다(우리들이 한 앙케트조사는 이 위상의 법의식연구이다). 법의식론에서의 '법의견'이나 '법테도'의 연구에 내응하는 분석이다. 법행동에 대한 "어떠한 행동을 취할 것인지에 관하여 사람이 갖는 표상, 감각, 의견"이 전자이고, 법행동에 대한 "사람이 갖는 호악, 찬부, 존중, 경시 등의 태도"가 후자이다.[95]

나아가 원래 사람들의 계약행동이 항상 합리적이라고는 할 수 없다. 자기이익 최대화행동으로서의 합리적 행동이라고는 해석할 수 없는 것과 같은 계약행동을 사람들이 취할 때, 법의식이나 법문화가 필요하게 된다는 것은 두말할 필요가 없다.

---

94) 太田, 전게주(82) 참조.
95) 六本佳平, 法社會學, (有斐閣, 1986년)193-231면 참조.

〈각국 조사실시의 개요〉

여기에서는 각 조사국/지역의 조사실시경과에 관하여 정리한다. 본문 중의 직위는 원칙적으로 조사 당시의 것이다.

1. 일본조사

조사연월 : 1995년 5월 - 같은 해 7월

조사담당자 : 연구회 일본재주회원 전원

본조사의 경과 : 조사담당자가 다수였던 점도 있고 22개국/지역의 조사 중에서 최대규모의 것이 되었다. 이 조사에는 매우 많은 교수님들의 협력을 얻었는데, 조사에 협력하였을 뿐만 아니라 다른 협력자를 소개하거나 그 밖의 도움을 주신, 池田眞朗教授(慶應義塾大學), 岩野英夫教授(同志社大學), 大村敦志教授(東京大學), 奥田正道教授(京都大學), 鎌田薫教授(早稻田大學), 小島武司教授(中央大學), 佐藤岩夫教授(大阪市立大學), 瀧田輝巳教授(同志社大學), 竹下守夫教授(一橋大學), 安永正昭教授(神戸大學)에게 심심한 사의를 표하는 바이다.(加藤雅信 記)

2. 한국조사

조사연월 : 1994년 10월

조사담당자 : 加藤雅信(名古屋大學), 金祥洙(名古屋大學), 靑木淸(南山大學)

본조사의 경과 : 한국조사가 본연구회에 있어서의 최초의 앙케

트조사였던 점도 있고, 샘플회수의 예상이 안이하여 종료직전에 당황하게 되었다. 강의출석자수가 알려진 것보다 적다든지, 샘플회수를 실시한 몇 개의 강의수강자 중 중복참가가 예상보다 많거나, 나아가 타학부 학생 수강생의 인수가 예상을 크게 넘거나 하였기 때문이다. 그 결과, 성균관대학의 고상룡교수에게는 조사담당자가 귀국 후에도 추가조사를 부탁하는 상황이었다.

이러한 상황이었지만, 조사에 협력하여 주신 한국의 교수님들의 도움으로 최종적으로는 목표수를 확보할 수 있었다. 그 중에서도 황적인교수(서울대), 박병호교수(서울대), 최종고교수(서울대), 고상룡교수(성균관대), 정규상교수(성균관대), 장영광교수(성균관대), 최달곤교수(고려대), 김형배교수(고려대), 김정호교수(고려대), 유지태교수(고려대), 박길준교수(연세대), 홍복기교수(연세대), 김대순교수(연세대)에게는 각별한 도움을 받았다. 심심한 사의를 표하는 바이다.(青木清　記)

3. 대만조사

조사연월 : 1998년 10월

조사담당자 : 加藤雅信(名古屋大學), 季衛東(神戸大學)

본조사의 경과 : 타이페이를 중심으로 상당히 많은 대학에서 조사를 하였다. 단기간에 샘플수 1000건을 상회하는 조사결과를 올릴 수 있었던 것은, 과거 일본 유학 중에 加藤(가또)과 연구실을 같이 한 국립대만대학법학원 邱聯恭교수가 면밀한 조사계획을 세

운 다음, 모든 동행자나 교통수단의 준비도 해 주었기 때문이다. 邱교수의 배려에 충심으로 감사의 뜻을 표한다. 또한 다수에 이르기 때문에 이름을 모두 소개할 수 없지만, 邱교수의 소개로 수많은 법학부교수, 법관, 변호사 분들에게 조사협력을 얻었다. 그 따뜻한 배려에도 감사의 뜻을 표하는 바이다.(高見澤磨 記)

4. 중국조사

조사연월 : 1995년 5월 - 6월

조사담당자 : 季衛東(神戸大學)

본조사의 경과 : 북경, 상해를 중심으로 많은 대학에서 법률학 또는 경영학을 전공으로 하는 학생을 대상으로 하여 조사하였다. 연구회의 조사비용을 최대한으로 절약하는 형태로 단기간에 많은 유효샘플을 얻었다. 혼자서 이러한 일을 할 수 있었던 것은 북경, 상해의 각 대학에 근무하는 우인들의 협력이다. 이 기회를 빌려 사의를 표하는 바이다.(季衛東 記)

5. 홍콩조사

조사연월 : 1995년 11월

조사담당자 : 青木清(南山大學), 渠濤(名城大學)

본조사의 경과 : 홍콩조사에서는 조사를 의뢰할 대학이 원래 많지 않고 특히 법학부생이 매우 적었기 때문에, 조사표의 종류를 6버전에서 5버전으로 줄이는 것으로 대응하였다. 조사는 홍콩대학,

홍콩중문(中文)대학, 홍콩성시(城市)대학의 3대학에서 실시하였다. 조사에 협력하여 준 교수님들과 학생제군에게 감사하고자 한다. 특히 福田和夫교수(홍콩중문대학), 陳弘毅교수(홍콩대학), Chen-guang Wang교수(홍콩성시대학)의 3명의 교수에게 심심한 사의를 표하고 싶다. 사전에 조사를 실시하는 강의를 리스트 업하여 준 관계로 매우 효율적인 조사가 가능하였다. 아울러 이 조사가 실시된 것은 홍콩이 중국에 반환되기 이전이었다.(青木清 記)

6. 필리핀조사

조사연월 : 1995년 2월 3월(필리핀의 학년도말)

조사담당자 :加藤雅信(名古屋大學), 岡田幸宏(三重大學)

본조사의 경과: 조사방문 전의 현지로부터의 연락으로는 조사준비가 마무리되었다고 하였지만, 조사체제가 갖추어지지 않아 시간의 절약을 고려하여 경영·상학부 조사를 단념하고 법학부조사도 당초 예정인 6버전 조사가 아닌 4버전 조사로 바꾸었다. 아울러 법학부조사라고 하였지만, 필리핀의 법학교육은 로스쿨시스템이 취해져 있어 프로페셔날 스쿨로서 대학원레벨의 학생임을 주의하여 주기 바란다. 조사에 협력하여 준 필리핀의 대학의 제 교수, 학생들에게 사의를 표함과 동시에 특히 도움을 받은 필리핀국립대학 법학부장 Pacifico A. Agabin 교수, 같은 대학의 Domingo P. Disini 교수에게 심심한 감사의 뜻을 표한다.(岡田幸宏 記)

7. 베트남조사

조사연월 : 1996년

조사담당자 : 하노이대학 법학부

본조사의 경과 : 1996년 2월부터 3월에 걸쳐 가또는 베트남 국가와 법연구소로부터 조사가능하다는 연락을 받고 조사에 임하였지만, 외국인이 조사를 하는 것은 인정되지 않는다는 이유로 최종적으로 조사는 불능으로 끝났다. 그 때 하노이대학 법학부와 교섭하여 하노이대학 법학부에서 베트남인 자신의 손으로 조사를 하는 것을 의뢰하고, 그것이 실시되었다. 이러한 상황에 의하여 조사가 행하여진 달은 불명이다. 이러한 상황에서 하노이대학 법학부에 의한 조사를 받아 준 같은 대학 부학부장인 Nguyen Cuu Viet, 그 후에도 연락를 담당하여 준 같은 대학 강사인 Nguyen Hoang Van씨에게 심심한 사의를 표한다.(加藤雅信 記)

8. 타이조사

조사연월 : 1995년 12월

조사담당자 : 太田勝造(東京大學), 河合幹雄(桐蔭横浜大學)

본조사의 경과 : 타마사토 대학, 츄라롱콘 대학, 라무카무헨 대학의 3개교 모두 방콕의 대학에서의 조사가 되었다. 또한 전 2교는 타이의 최고학부라 불리고 있다. 그 때문에 타이 전국의 학생의 경향을 반영하고 있다고 하기보다는, 수도의 우수한 학생층의 의식조사가 되었다. 太田와 河合 2명이 적어도 1명이 현지에 가서 수

업 중에 스스로 조사회수한 것이 다수, 일부는 현지의 교수에게 부탁하여 조사 실시하게 하고 다음 날 받았다. 1주일로 끝내었기 때문에 힘들었지만, 결과적으로는 충분한 표본을 얻기에 이르렀다. 조사표의 번역과 현지에서의 소개를 하여준 Pichet Maolanond의 법률사무소의 Pornthip Apisitwasana 변호사와 Chinanorn Vichaipipotnong 변호사, 나아가 타마사토 대학 법학부의 Kittisak Prokati 조교수, 경영학부의 Nareetip Thoongkavee 조교수, 츄라롱콘 대학 법학부의 Tongthong 부학부장, 상학회계학부의 Oranaj Soongswang 조교수, 라무카무헨 대학 법학부의 Jaral Lengvittaya학부장, Sumalee Wongwitit 조교수, Montree Rupsuwan 씨, Jaran Cosananund 씨, 경제학부의 Wirat Sanguanwongwan 학부장 등 제 교수에게 심심한 감사의 뜻을 표한다.(河合幹雄, 피쉿트 마오라논드 記)

9. 인도조사

조사연월 : 1999년 8월 - 10월

조사담당자 : 加藤雅信(名古屋大學)

본조사의 경과 : 인도 전토에 걸쳐서 상당히 폭넓은 조사를 하였다. 경영 · 상학계의 조사대상은 대학원생으로 되어 있지만, 조사대상기관이 IIM(Indian Institute of Management)라는 미국식 비즈니스스쿨에 대응하는 프로페셔날 스쿨로서의 대학원레벨의 교육기관이었기 때문이다. 이에 대하여 법학교육은 인도에서는

프로페셔날 스쿨로서의 로스쿨에서 하는 대학과 학부레벨에서 하는 대학의 쌍방이 있고, 경영 · 상학계와의 대응성을 유지하기 위하여 가능한 로스쿨 레벨에서의 조사를 하도록 마음먹었지만, 일부 학부학생도 회답하고 있다. 본조사에 있어서 수많은 분들의 도움을 받았는데, 특히 많은 인도연구자를 소개하여 준 稻正樹교수(亞細亞大學), 현지에서 여러 협력을 하여 준 淺野宜之강사(聖母女學院短期大學), IIM Calcuta Smit Guha 교수, IIM Ahmadabad의 Tirthankar 교수에게 심심한 사의를 표한다.(加藤雅信 記)

10. 이스라엘조사

조사연월 : 2000년 11월 - 12월

조사담당자 : 加藤雅信(名古屋大學), 太田勝造(東京大學)

본조사의 경과 : 팔레스티나문제로 테러공격이 계속되는 상황에서의 긴박된 조사였지만, 조사 그 자체는 성공리에 끝났다. 법학부는 어느 대학에서도 많은 학생이 수강하는 강의였기 때문에 조사는 비교적 용이하였지만, 경영학부 쪽은 소인수강의 중심으로 고생하였다. 텔아비브대학에서는 14개 이상의 강의를 돌아 겨우 목표수를 회수할 수 있었다. 조사 시에는 많은 분들의 도움을 받았는데, 특히 하이파대학법학부장 Yoseph M. Edrey 교수, 같은 대학의 Do-rit Arbel 씨, 헤브라이대학법학부장 Israel Gilead 교수, 텔아비브대학 법학부의 Ariel Porat 교수, Omri Yadlin교

수, Interdisciplinary Center of Herzliya(신설 사립대학)의 Assaf Jacob 교수에게 심심한 사의를 표한다. 특히 Porat교수에게는 텔아비브대학 법학부에서의 조사의 어렌지는 물론 텔아비브대학 경영학부에서의 조사의 어렌지 및 Interdisciplinary Center of Herzliya에서의 조사의 어렌지, 나아가 조사표의 복사, 비서의 이용, 이동용 자동차 등 전반에 걸쳐서 지원을 받았음을 부기하며 사의를 표한다.(太田勝造 記)

11. 이집트조사

조사연월 : 2000년 3월

조사담당자 : 加藤雅信(名古屋大學), 岡田幸宏(三重大學)

본조사의 경과 : 조사를 개시하고 일부조사를 실시한 후에 이집트고등교육성을 통하여 허가를 받을 필요가 있다는 것이 판명되었다. 체재중의 교섭으로는 소기의 결과에 이르지 않아 일단 귀국 후 정부 간의 외교교섭이 필요하다는 통지를 이집트 정부로부터 받았다. 외무성에 있는 가또의 지인을 통하여 외교교섭안건으로 올려주는 것에는 성공하였지만, 최종적으로는 조사허가의 신청은 이집트 정부로부터 거부되었다. 본조사보고서에는 이 사태가 발생하기 전에 행하여진 조사결과만을 보고하는 것이다. 아울러 이 조사에 있어서 여러 도움을 준 兩角吉晃조교수(東京大學), 학술진흥회 카이로센터 長大稔哲也조교수(九州大學), 현지에서 협력하여 준 Manal Ali씨에게 심심한 사의를 표한다.(岡田幸宏 記)

12. 이탈리아조사

조사연월 : 1998년

조사담당자 : Bruno Veneziani교수(파리대학 법학부)

본조사의 경과 : 이탈리아조사의 협력자를 찾을 수 없어 諏訪康雄교수(法政大學)에게 상담한 바, 山口浩一郎교수(上智大學)가 이탈리아에 지인이 많고 이탈리아에 강의하러 다닌다는 말을 들었다. 이에 山口교수에게 부탁드린 바 Veneziani교수가 조사를 해 주는 것으로 조정해 주었다. 아울러 조사월은 불명이다. 이탈리아조사에 도움을 주신 상기 교수들에게 심심한 사의를 표하는 바이다.(菅原郁夫 記)

13. 스웨덴조사

조사연월 : 2000년 10월 - 2001년 4월

조사담당자 : Reinhold Fahlbeck교수(른드대학)

본조사의 경과 : 내일 중이었던 Fahlbeck교수(노무관리, 노동문화의 비교연구)에게 加藤, 太田 2명이 의뢰하고 조사표의 번역, 조사표의 배포, 회수 등 모든 것을 해 주었다. 법학부에서의 조사는 순조로웠지만 경영학부의 강의는 소인수이기 때문에 상당한 고생을 한 것 같다. Fahlbeck교수에게 심심한 사의를 표하는 바이다.(다니엘 H. 훗트 記)

14. 독일조사

조사연월 : 1996년 - 1997년

조사담당자 : Tohmas Raiser교수(훔볼트대학)

본조사의 경과 : 본조사는 1995년에 개최된 국제법사회학회 석상 가또가 Raiser교수에게 의뢰하고 같은 교수에 의해 행하여져 회답을 얻은 조사표가 2번에 걸쳐 일본에 송부되었다. 그 때문에 실시월은 불명이다. 첫 대면이었음에도 불구하고 이러한 조사를 하여 준 Raiser교수에게 심심한 사의를 표하고 싶다.(野口裕之 記)

15. 프랑스조사

조사연월 : 1995년 6월(프랑스학년도말)

조시담당자 : 河合幹雄(桐陰横浜大學)

본조사의 경과 : 미국류 비즈니스스쿨에 엄밀히 대응하는 학교가 없기 때문에 일본으로 말하자면 경제학부와 경영학부가 포함된 대학을 선택하였다. 또한 대강의를 이용하기 위하여 1년생 클래스를 선택, 그나마 연도말에 실시하여 2년생에 준하는 형태로 하였다. 법학부는 낭트, 경제학부는 파리로 조사지역이 다른 것에 유의할 필요가 있다. 단, 프랑스는 다른 의식조사 등으로부터 지역차는 특별한 지역을 제외하면 적다고 예상할 수 있다. 95년 3월에 도불하여 의뢰하였다. 실시는 법학부는 Loic Cadiet 낭트대학 법학부 교수, 경제학부는 Claude jessua 파리제2대학교수의 수업에서, Jean Yves Caro 같은 대학교수가 담당하였다. 이들 교수들과 함

께 조사의뢰에 협력한 고등사법연구소 소장 Antoine Garapon 씨에게 심심한 사의를 표하는 바이다.(河合幹雄 記)

16. 영국조사

조사연월 : 1996년 10월 - 1997년 1월

조사담당자 : 加藤雅信(名古屋大學), 青木清(南山大學)

본조사의 경과 : 조사담당자의 영국에서의 재외연구의 기회를 이용하여 한 관계로 상당히 폭넓은 대학을 커버한 전국조사를 할 수 있었다. 본조사에 있어서 많은 분들의 도움을 받았는데, 특히 옥스퍼드대학에서 재외연구를 하고 있었던 菅野和夫교수(東京大學), 옥스퍼드대학 Mark Freedland교수, 런던대학의 小田博교수, Frank Bennett조교수, Sian Stickings씨, 쉐필드대학 Shearn교수 등에게 심심한 사의를 표하는 바이다.(加藤雅信 記)

17. 스페인조사

조사연월 : 1997년 7월

조사담당자 : Alejandro Garro(컬럼비아대학), Michael K. Young(컬럼비아대학)

본조사의 경과 : 본조사는 Garro와 Young이 담당하였다. 조사에 협력하여 준 Pilar Perales Viscasillas교수 등에게 충심으로 감사하는 바이다.(Michael K. Young 記)

18. 미국조사

조사연월 : 1995년 4월

조사담당자 : 加藤雅信(名古屋大學), 藤本亮(活水女子短期大學), Michael K. Young(컬럼비아대학)

본조사의 경과 : 연구회공동대표인 Young에게 加藤와 藤本이 출장하여 조사를 실시하였다. 컬럼비아대학을 베이스로 하여 각지에서 연구협력자에게 의뢰하여 조사표를 송부하고 회수된 조사표를 컬럼비아대학으로부터 일괄하여 일본에 보내는 것으로 하였다. 조사표의 인쇄나 배송에 관하여 같은 대학의 Budd씨에게는 매우 도움을 받았다. 또한 각지의 대학관계자에게는 다대한 조력을 받았는데, 조사시에 위스콘신주립대학 매디슨교 로스쿨에서 재외연구를 하고 있었던 阿部昌樹교수(大阪市立大學)에게는 사전에 같은 대학 관계자에 대한 조사가 가능하도록 도움을 받고 나아가 조사실시에도 협력을 얻었다. 특히 이에 사의를 표하고자 한다.(藤本亮 記)

19. 멕시코조사

조사연월 : 1996년 11월

조사담당자 : Alejandro Garro(컬럼비아대학), Michael K. Young(컬럼비아대학) 본조사의 경과 : 본조사는 Garro와 Young이 담당하였다. 조사에 협력하여 준 Jose Abascal Zamora교수, Jorge Adame Goddard교수 등에게 충심으로 감사하는 바이

다.(Michael K. Young 記)

20. 브라질조사

조사연월 : 1996년 10월

조사담당자 : Alejandro Garro(컬럼비아대학), Michael K. Young(컬럼비아대학)

본조사의 경과 : 본조사는 Garro와 Young이 담당하였다. 조사에 협력하여 준 Lauro Da GamaeSauza교수, Jacob Dolinger교수 등에게 충심으로 감사하는 바이다.(Alejandro Garro 記)

21. 뉴질랜드조사

조사연월 : 1996년

조사담당자 : Luke Nottage(빅토리아대학 법학부 전임강사)

본조사의 경과 : 조사는 주로 빅토리아대학 법학부의 수업을 이용하여 하였다. 당시 조사담당자는 계약법의 수강생이 많은 수업을 담당하고 있고 거기에서 상당한 샘플을 수집할 수 있었다. 나아가 조사담당자의 은사인 Anthony Angelo교수가 마찬가지로 수강생이 많은 계약법의 수업에서 수집하여 주었다. 또한 빅토리아대학 상학부에서 비즈니스법을 수강하고 있는 학생에게도 데이터를 수집할 때의 Gordon Anderson교수의 도움에 감사하고 싶다. 결국 데이터 수집에 이르지 못한 오클랜드대학 로스쿨의 Rick

Bigwood에게도 조사 실시로 많은 도움을 받았다. 마지막으로 1990년대 초에 '콘텍스트 중에서의 법'의 연구를 목적의 하나로 설립된 와이카트대학 로스쿨의 Nan Seuffer씨에게 사의를 표한다.(Luke Nottage 記)

22. 호주조사

조사연월 : 1995년 7월 - 8월

조사담당자 : 김상수(名古屋大學)

본조사의 경과 : 호주에서의 재외연구를 이용하여 한 조사였기 때문에 사전에 충분한 준비기간을 거치고 조사 자체에도 시간을 들여 소기의 수의 회답을 얻을 수 있었다. 단, 국토가 넓은 관계로 전국적인 조사가 아닌 빅토리아주의 멜보른을 중심으로 조사를 하였다. 본조사에 있어서 많은 분들의 도움을 얻었는데, 특히 멜보른 대학 법학부생인 Michael Chang씨, Malcolm D H. Smith 교수 등에게 심심한 사의를 표하는 바이다.(김상수 記)

부 록

속성변수별로 본 한국의 회답경향

서브그룹별 평균치와 유효 케이스수를 〈표1〉로 표시하였다. 의미가 있는 차이를 보이는 것은 굵은 이탤릭체로 표시하고 있다.

〈표 1〉 한국-각 서브그룹의 평균치와 유효샘플 수

			A	B	C	D	E	F	G	H
성별	남성	평균치	***2.35***	***2.90***	***2.77***	3.20	3.29	2.98	2.31	2.11
		유효수	***N=1288***	***N=1288***	N=1288	N=1287	N=1289	N=1288	N=1289	N=1286
	여성	평균치	***2.17***	***2.66***	2.73	3.17	3.19	2.94	2.34	2.16
		유효수	***N=160***	***N=161***	N=161	N=160	N=161	N=161	N=161	N=161
전공	법학	평균치	***2.40***	***2.55***	***2.50***	***3.12***	***3.08***	***2.72***	***2.15***	2.12
		유효수	***N=682***	***N=682***	***N=682***	***N=681***	***N=682***	***N=681***	***N=682***	N=682
	경영상학	평균치	***2.27***	***3.16***	***3.00***	***3.26***	***3.45***	***3.20***	***2.45***	2.12
		유효수	***N=768***	***N=769***	***N=769***	***N=768***	***N=770***	***N=770***	***N=770***	N=767
법: 사법이수정도별	소수과목	평균치	***1.96***	***2.92***	2.50	3.08	3.12	2.81	2.04	2.19
		유효수	***N=26***	***N=26***	N=26	N=26	N=26	N=26	N=26	N=26
	중급정도	평균치	***2.33***	***2.44***	2.53	3.06	3.02	2.74	2.15	2.08
		유효수	***N=237***	***N=237***	N=237	N=237	N=237	N=236	N=237	N=237
	다수과목	평균치	***2.46***	***2.59***	2.48	3.16	3.11	2.70	2.16	2.14
		유효수	***N=419***	***N=419***	N=419	N=418	N=419	N=419	N=419	N=419
경영: 사법과목이수유무	이수	평균치	2.12	3.17	3.11	3.22	3.47	3.17	2.49	2.05
		유효수	N=93	N=93	N=93	N=92	N=93	N=93	N=93	N=92
	미이수	평균치	2.29	3.16	2.99	3.26	3.45	3.21	2.45	2.12
		유효수	N=675	N=676	N=676	N=676	N=677	N=677	N=677	N=675
익명국 VS 국내	국내취인	평균치	2.32	2.72	2.75	3.08	3.18	2.89	2.33	2.11
		유효수	N=237	N=237	N=237	N=236	N=237	N=237	N=237	N=237
	익명국	평균치	2.23	2.79	2.70	3.06	3.26	2.97	2.22	2.05
		유효수	N=241	N=241	N=241	N=242	N=242	N=242	N=242	N=241
매도인 VS 매수인	매수인	평균치	***2.29***	***2.77***	***2.70***	***3.03***	***3.11***	***2.83***	***2.19***	***2.06***
		유효수	***N=489***	***N=489***	***N=489***	***N=488***	***N=489***	***N=488***	***N=489***	***N=488***
	매도인	평균치	***2.43***	***3.11***	***2.87***	***3.48***	***3.50***	***3.17***	***2.48***	***2.22***
		유효수	***N=483***	***N=484***	***N=484***	***N=483***	***N=484***	***N=484***	***N=484***	***N=483***
사회적관심도	낮음	평균치	2.28	2.89	2.84	3.14	3.19	2.91	2.43	2.04
		유효수	N=162	N=162	N=162	N=162	N=162	N=161	N=162	N=162
	중간	평균치	2.31	2.87	2.74	3.20	3.32	2.93	2.27	2.08
		유효수	N=598	N=599	N=599	N=599	N=600	N=600	N=600	N=599
	높음	평균치	2.36	2.88	2.77	3.20	3.26	3.02	2.32	2.17
		유효수	N=689	N=689	N=689	N=687	N=689	N=689	N=689	N=688
힘의지향도	약함	평균치	2.40	2.97	2.82	3.30	3.16	2.93	2.38	2.17
		유효수	N=191	N=191	N=191	N=191	N=191	N=191	N=191	N=191
	중간	평균치	2.34	2.90	2.76	3.21	3.30	2.97	2.28	2.10
		유효수	N=663	N=663	N=663	N=661	N=663	N=662	N=663	N=662
	강함	평균치	2.29	2.83	2.75	3.15	3.30	2.99	2.32	2.11
		유효수	N=585	N=586	N=586	N=587	N=587	N=587	N=587	N=586
표 합계		평균치	2.33	2.88	2.76	3.19	3.28	2.97	2.31	2.12
		유효수	N=1450	N=1451	N=1451	N=1449	N=1452	N=1451	N=1452	N=1449

젠더별로 보면 스토리의 전반에서 남성 쪽이 약간 계약에 지향하는 경향을 보이고 있다. t검정은 A와 B에서 의미가 있다.

[도1] 한국－젠더별

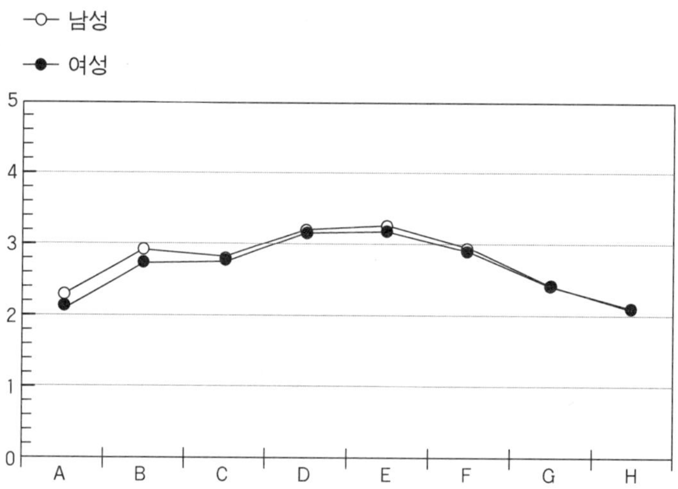

A 장기계약의 체결은 무모
B 매수인의 가격인하신청은 자연
C 매도인의 태도는 경직적
D 매수인의 수령거부의 자세에 대한 찬부
E 매수인의 거부실행에 반대(r)
F 매수인의 거부실행은 비열(r)
G 매도인의 가격인하승낙은 어리석다(r)
H 매수인의 도산위기가 있는 경우의 평가

전공별로 비교하면, 스토리의 전체를 통하여 경영 상학계 학생의 쪽이 계약을 준수하려는 경향이 현저하다. t검정은 A로부터 G까지 의미가 있다.

[도2] 한국 - 전공별

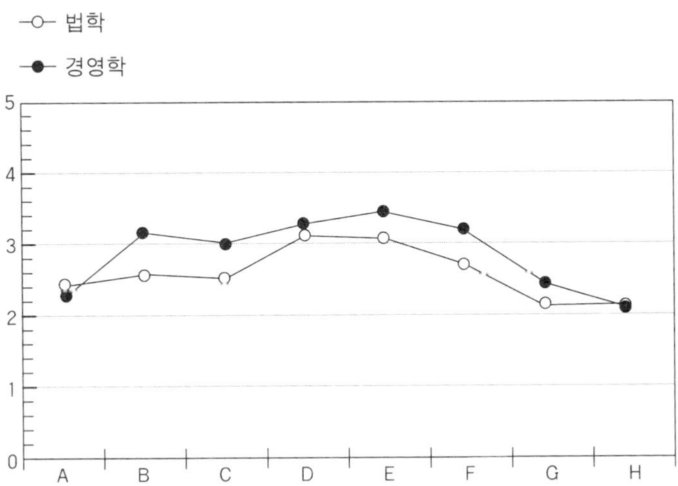

A 장기계약의 체결은 무모
B 매수인의 가격인하신청은 자연
C 매도인의 태도는 경직적
D 매수인의 수령거부의 자세에 대한 찬부
E 매수인의 거부실행에 반대(r)
F 매수인의 거부실행은 비열(r)
G 매도인의 가격인하승낙은 어리석다(r)
H 매수인의 도산위기가 있는 경우의 평가

조사국/지역 내의 국내거래 버전과 국제거래인 익명국 버전을 비교한 경우, 현저한 차이는 보이지 않는다. t검정은 모두 의미가 없다.

[도3] 한국－국내거래와 익명국 거래 버전별

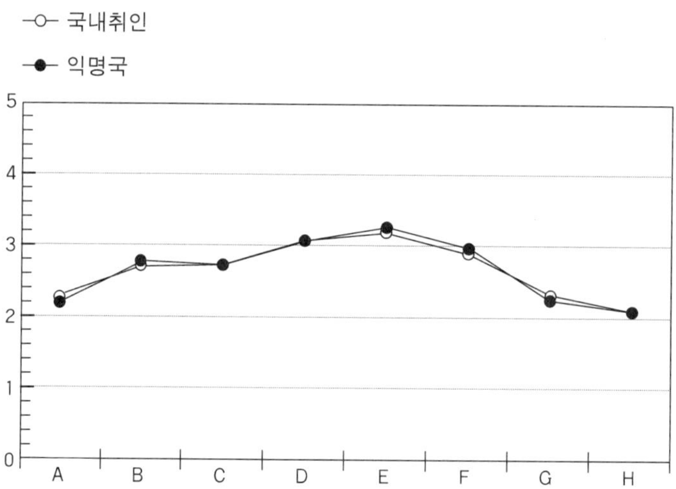

A 장기계약의 체결은 무모
B 매수인의 가격인하신청은 자연
C 매도인의 태도는 경직적
D 매수인의 수령거부의 자세에 대한 찬부
E 매수인의 거부실행에 반대(r)
F 매수인의 거부실행은 비열(r)
G 매도인의 가격인하승낙은 어리석다(r)
H 매수인의 도산위기가 있는 경우의 평가

자국이 매수인 버전 군과 매도인 버전 군에서는 스토리의 전체를 통하여 자국이 매도인인 경우가 보다 계약을 지켜야 한다는 경향이 보인다. t검정은 A로부터 H까지 의미가 있다.

[도4] 한국－자국매수인과 자국매도인 버전별

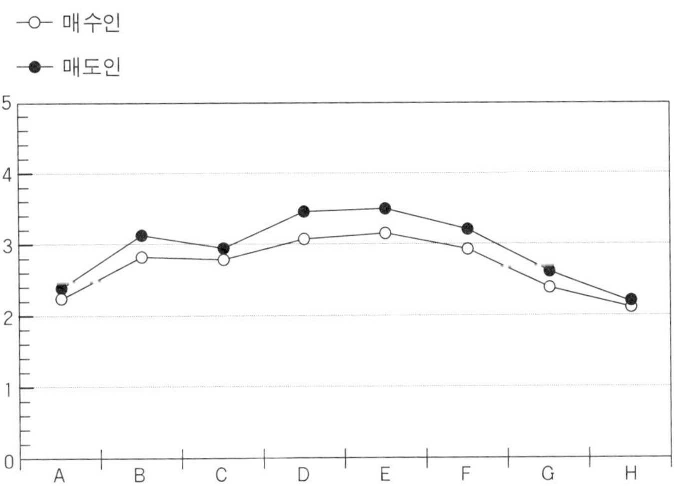

A 장기계약의 체결은 무모
B 매수인의 가격인하신청은 자연
C 매도인의 태도는 경직적
D 매수인의 수령거부의 자세에 대한 찬부
E 매수인의 거부실행에 반대(r)
F 매수인의 거부실행은 비열(r)
G 매도인의 가격인하승낙은 어리석다(r)
H 매수인의 도산위기가 있는 경우의 평가

법학생의 사법과목 이수 정도에 의한 비교에서는 스토리의 전반에 다소 차이가 보이지만 전체로서 특히 현저한 경향을 보여주는 것은 아니다. F검정은 A와 B에서 의미가 있다.

[도5] 한국－법과대학생의 사법이수정도별

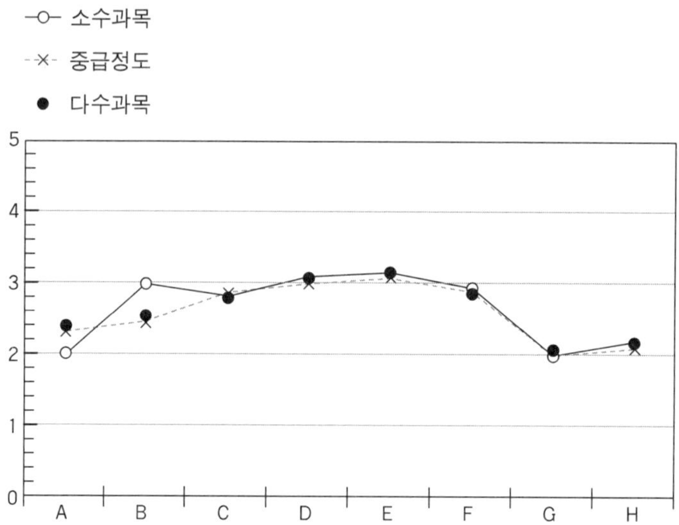

A 장기계약의 체결은 무모
B 매수인의 가격인하신청은 자연
C 매도인의 태도는 경직적
D 매수인의 수령거부의 자세에 대한 찬부
E 매수인의 거부실행에 반대(r)
F 매수인의 거부실행은 비열(r)
G 매도인의 가격인하승낙은 어리석다(r)
H 매수인의 도산위기가 있는 경우의 평가

경영, 상과대생의 사법과목의 이수의 유무에 의한 비교에서는 현저한 차이는 보이지 않는다. t검정은 모두 의미가 없다.

[도6] 한국－경영대학생 사법과목이수유무별

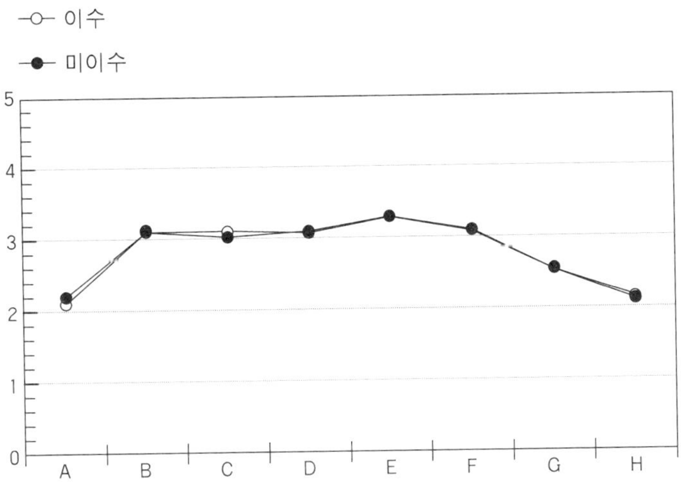

A 장기계약의 체결은 무모
B 매수인의 가격인하신청은 자연
C 매도인의 태도는 경직적
D 매수인의 수령거부의 자세에 대한 찬부
E 매수인의 거부실행에 반대(r)
F 매수인의 거부실행은 비열(r)
G 매도인의 가격인하승낙은 어리석다(r)
H 매수인의 도산위기가 있는 경우의 평가

사회적 관심도에서 비교한 경우, 특히 현저한 차이는 보이지 않는다. F검정은 모두 의미가 없다.

[도7] 한국－사회적 관심도별

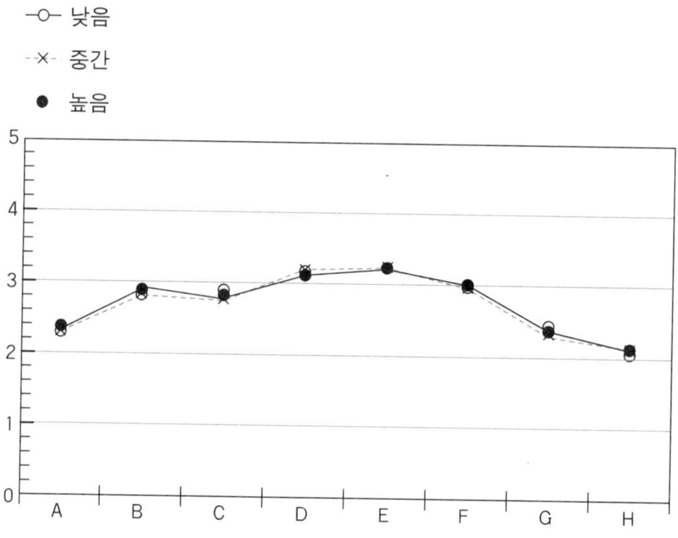

A 장기계약의 체결은 무모
B 매수인의 가격인하신청은 자연
C 매도인의 태도는 경직적
D 매수인의 수령거부의 자세에 대한 찬부
E 매수인의 거부실행에 반대(r)
F 매수인의 거부실행은 비열(r)
G 매도인의 가격인하승낙은 어리석다(r)
H 매수인의 도산위기가 있는 경우의 평가

힘에 대한 지향도를 비교한 경우, 특히 현저한 차이는 보이지 않는다. F검정은 모두 의미가 없다.

[도8] 한국－힘의 지향도별

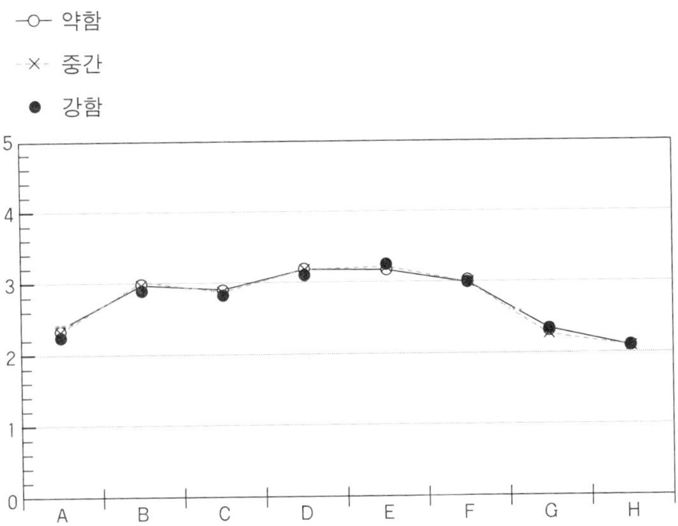

A 장기계약의 체결은 무모
B 매수인의 가격인하신청은 자연
C 매도인의 태도는 경직적
D 매수인의 수령거부의 자세에 대한 찬부
E 매수인의 거부실행에 반대(r)
F 매수인의 거부실행은 비열(r)
G 매도인의 가격인하승낙은 어리석다(r)
H 매수인의 도산위기가 있는 경우의 평가

역자 후기

이 책은 세계 22개국/지역에서 수집한 방대한 양의 앙케트 자료를 기초로 집필된 것으로, 본인도 그 앙케트 조사에서는 한국과 호주를 담당하였고 공동연구원으로서 원저에 이름을 올려놓게 되었다. 앙케트 조사 작업은 물론 그에 앞선 앙케트 샘플의 작성과정에서부터 계약관의 실태조사는 매우 어려운 작업의 연속이었다. 겨우 2개국만을 담당한 본인이 느낀 점이 그러한데, 모든 부분을 담당한 저자 가또교수의 노고는 이루 말할 나위가 없다. 그렇게 어려운 작업을 거쳐 샘플을 회수하면 다시 이를 데이터화 작업에 들어가야 한다. 그리고 그 작업이 끝나면 분석작업에 들어가게 되고, 그 결과를 발표하는 국제심포지엄을 거쳐 원저와 같이 그 결과가 활자화 되었던 것이다.

앙케트 조사를 할 때에는 조사결과에 관심을 갖는 분(앙케트 조사를 할 수 있게 도와주신 각 대학의 교수님)들이 많이 계셨는데, 이렇게나마 한국어로 출판될 수 있게 되어 저자인 가또교수는 물론 본인에게도 매우 다행한 일이 아닐 수 없다. 이 책의 한국 조사의 개요에 나와 있는, 한국 조사에 있어서 각종 편의를 제공하여 주신 여러 교수님들 등 관계자분에게는 다시 한번 이 자리를 빌려 심심한 사의를 표하는 바이다.

이 책이 갖는 의미는 이미 저자인 가또교수의 한국독자를 위한 서문에 잘 나타나 있다. 계약의식 내지 계약관은 매우 막연한 것으로 이로 인해 일부분의 인상론이 전체에 대한 특징으로서 종종 주장되는 일이 있었지만, 이 책은 그러한 오류를 실증자료를 통하여 명쾌하게 제거하였다는 점에 큰 의의를 찾을 수 있을 것이라고 생각한다.

이 책의 서문을 보면 수많은 재단과 단체가 계약의식조사에 대한 보조를 하였다는 점이 나와 있다. 그 구체적인 금액은 물론 공표되지 않았지만 그 지원총액은 이러한 단일 연구에 대한 지원액으로는 상상을 초월하는 금액이 되었을 것으로 생각된다. 그러한 지원을 받기 위한 노력도 쉽지 않을 텐데, 이 점에서도 저자인 가또교수의 뛰어난 능력이 여실히 들어난 것이라고 말할 수 있다. 학문연구를 위한 재정지원의 두터움에서 보아도 일본이라는 나라는 우리보다 한 참 앞서나간 나라임은 인정하지 않을 수 없을 것이다. 우리의 학문, 특히 법학이 발달하기 위해서는 연구조성을 하여 주는 많은 민간의 재단 내지 단체의 출현이 필요불가결한 점을 여기서 읽을 수 있다.

이 책이 출판되기까지는 많은 분들의 도움을 받았다. 어려운 여건 속에서도 출판조성을 하여 준 산토리재단, 이 책에 나와 있는 많은 도표를 변환하여야 하는 등 어려운 편집 작업을 통해 출판에 이르게 하여 주신 법우사 황영성 사장님, 도표작성을 도와 준 문광

식군(현재 동국대학교 대학원생), 한국독자를 위한 서문을 따로 준비하여 주시는 등 각별한 관심을 갖고 이 책의 출판을 지켜주신 가또교수님 등에게 이 자리를 빌려 심심한 사의를 표하는 바이다.

2008년 5월 길일

번역자 김상수

색 인

편저자 소개

加藤雅信(가또 마사노부)

1946년　출생

1969년　東京大學法學部 卒業(東京大學法學博士)

현재　名古屋大學 教授

東京大學 助手, 名古屋大學 助教授、教授

上智大學 教授, 변호사(アンダーソン, 毛利, 友常法律事務所)

하버드대학, 런던대학 객원연구원

콜롬비아대학, 하와이대학, 북경대학 객원교수

사법시험위원, 법제심의회민법부회위원

국제 파이낸스리스에 관한 유니드로와조약, 국제팩토링에 관한 유니드로와조약 체결을 위한 외교회의 일본정부대표대리 등을 역임

주요저서

新民法大系Ⅰ民法總則 有斐閣　2002년

新民法大系Ⅱ 物權法(제2판) 有斐閣　2005년

新民法大系Ⅲ 債權總論 有斐閣　2005년

新民法大系Ⅳ 契約法 有斐閣　2006년

21世紀の日韓民事法學(共編)信山社　2005년

21世紀判例契約法の最前線 判例タイムズ社　2006년

現代民法學と實務 — 氣鋭の學者たちの研究のフロンティアを步く — 上, 中, 下 判例タイムズ社　2008년 여름 발간

新民法大系Ⅴ事務管理 不當利得 不法行爲 有斐閣　2002년

財産法の體系と不當利得法の構造 有斐閣　1986년

現代民法學の展開 有斐閣　1993년

現代不法行爲法學の展開・有斐閣　1991년

民法ゼミナ-ル 有斐閣　1997년

クリスタライズド民法 事務管理・不當利得・三省堂　2001년

天皇 — 昭和から平成へ´歷史の舞台はめぐる(日本社會入門１) 大藏省印

刷局　1994년

損害賠償から社會保障へ(編著)　1994년

製造物責任法總攬(編著) 商事法務研究會　1994년

製造物責任・專門家責任 新・現代損害賠償法講座3(編著) 日本評論社　1997년

製造物責任判例集Ⅰ・Ⅱ(編集) 新日本法規　1994년

民法學說百年史(共編著) 三省堂　1999년

國際取引と法(共編著) 大學出版會　1988년

現代中國法入門(共編著) 勁草書房　1997년

現代日本の法と政治(編著) 三省堂　1994년

人間の心と法(共編著) 有斐閣　2003년

JAPANESE BUSINESS LAW GUIDE(Joint Author, CCH International, 1988)

藤本亮(후지모토 아키라)

日本學術振興會特別研究員(PD)

위스콘신주립대학 매디슨 로스쿨 법학연구소연구원

活水女子大學助教授

현재 靜岡大學法務研究科 教授(법사회학 전공)

法科大學院統一適性試驗委員會分析委員會委員(2002년~)

著書/論文

『人間の心と法』(共著) 有斐閣, 2003년

『法社會の學可能性』(共著) 法律文化社, 2004년

『法と心理學のフロンティアⅡ卷　犯罪、生活編』(共著) 北大路書房, 2005년

『利用者から見た民事訴訟 司法制度改革審議會「民事訴訟利用者調查」の2次分析』(共著) 日本評論社, 2006년

『法科大學院統一適正試驗テクニカルーレポート2006』(共著), 2007년

「동아시아 법의식의 제상」 한국법사회학회편 『법사회학연구』 창간호, 2002년

역자 소개 (金祥洙)

고려대학교 법과대학 졸업

일본 나고야대학교 대학원 법학과 수료(법학석사)

법학박사(나고야대학교)

나고야대학 법학부 조교수(1993.9 - 1998.2)

변리사시험위원 사법시험위원 행정고등고시위원 입법고등고시위원

동국대학교 법과대학 교수

현, 서강대학교 법학부 교수

저서 · 논문

민사소송법개론

민사소송법판례백선

新民事訴訟法判例演習

日米比較 · 民事訴訟法

韓國民事訴訟法

オーストラリアの民事司法

証券仲裁

위법한 일부판결과 그 구제방법, 판례월보 366호

저당권의 실행과 관련된 민법의 개정, 민사법학 18호

한국인과 일본인의 계약관-세계 22개국/지역 조사의 결과

2008년 5월 1일 인쇄
2008년 5월 10일 발행

편저자 加藤雅信(가또 마사노부) 藤本亮(후지모토 아키라)
번역자 金 祥 洙
발행인 黃 泳 成
발행처 **법 우 사**
서울특별시 관악구 신림동 1526-5 2층
TEL. (02) 876-2261 FAX (02) 875-2263
e-mail : hys8009@hanmail.net
http://www.bubwoosa.co.kr
등록 1999. 4. 26. 제10-1747호(倫)

정가 25,000원

ISBN 978-89-88926-73-4 93360